교과교재연구 및 지도법

민혜영 · 강희정

KNOWLEDGE COMMUNITY 공동체

머리말

매일 영유아와 만나는 교사는 '어떻게 하면 유아에게 배움이 더 잘 일어날까?', '어떻게 해야 유아가 더 활동에 흥미를 가질 수 있을까?'를 고민하며 다양한 놀이 환경을 구축하고 그 안에서 발달에 따른 목표를 이루어 가는 다양하고 흥미로운 활동을 설계한다. 영유아가 스스로 놀이를 주도하고 교사는 함께 참여하면서 그 놀이에 내재된 가치와 의미를 이해하고 관찰하면서 놀이를 위한 방향과 내용과 지원을 위한 계획이 구체적으로 설정된다.

이 책에서는 유아들의 다양한 놀이 활동을 위해 필요한 교수매체가 놀이의 원천이며, 교육의 목표일 수 있다는 관점에서 교재의 내용을 구성하였다. 유아의 발달 단계를 고려하고 활동의 목적에 적합한 다양한 자료들을 고안하고 활용하는 교육과정을 주로 다루게 된다. 특히 매일의 활동을 준비하는 교사는 영유아가 흥미와 관심에 따라 놀이에 자유롭게 참여하고 즐기도록 도우며, 유아가 놀이를 통해 배우고 다양한 놀이를 하는 동안 발달이나 배경, 장애 등에 제한이 없도록 적합한 방식을 연구한다. 또한 유아중심·놀이중심을 추구하는 교육과정 안에서 유아가 세상을 탐색하고 자기 자신을 표현할 수 있으며 타인과 교류하며 흥미와 관심을 다양한 매체를 통해 표현할 수 있도록 기초를 제공하는 데 교육의 목적을 두고 있다.

제1부는 영유아 교수학습의 이론적 기초에 대해 다루었는데, 영유아기 교육이 갖는 의미와 교수학습의 개념과 발달 이론, 교수학습에 영향을 미치는 요인 등을 설명하였다.

제2부는 실제 0~2세 표준보육과정 속에 제시된 교수학습 내용과 3~5세 개정 누리과정 속에 제시된 교수학습 내용 및 놀이와 교수학습의 의미에 대해 살펴보았고, **제3부**에서는 영유아 교수학습에 활용되는 교수매체에 관해 다루었다. 영유아들에게 교수매체는 교수학습 과정에서 어떠한 기능을 담당하게 되는지, 영유아 교수매체의 이론적 역사적 배경이 되는 이론 등을 상세히 다루었다. **제4부**는 영유아 교수학습을 위한 다양한 교수매체의 종류별 특성에 대해 검토해 보았으며, **제5부**에서는 영유아 교수매체의 실제 제작방법과 활용의 실제편을 다루어 보았다.

책의 구성은 실제 영유아 교육현장에서 유아의 놀이에 필요한 활동을 중심으로 활용할 수 있는 내용을 담으려고 노력하였으며, 부족한 부분은 추후 수정하면서 보충하기로 마음의 위로를 삼고자 한다.

책의 편집을 위해 애써주신 도서출판 공동체에 깊은 감사를 드리며, 교재 집필과정에 도움을 주신 모든 분들께 진심으로 감사를 드린다.

2024년

저자 일동

차례

Part 5 영유아 교수매체의 제작 및 활용

Part

1

영유아 교수학습의 이론적 기초

chapter 01

영유아기 교육의 의미

1. 영유아기 교육의 중요성

인간의 성장과 발달에는 각각 그 연령에 맞는 발달과제가 있으며 각 단계의 발달이 제대로 이루어져야 인간은 원만한 발달을 이룰 수 있게 된다. 특히 영유아기는 인간 성장의 기초적인 형성기로서 이 시기의 어린이는 신체적·정신적·사회적 성장이 가장 빠르고 무한한 가능성을 가지고 있으므로 그 중요성이 강조되고 있다. 영유아기는 인간발달에 있어 다른 발달단계에 비교하여 발달의 가속성이 크며 변화의 폭도 넓다. 따라서 발달과정의 결정적 시기로 볼 수 있는데, 결정적 시기란 발달과정에서 그 시기에 특정 발달이 일어날 수 있도록 적절한 자극이 제시되어야 하는 시기를 말한다. 따라서 만약 이 시기에 적절한 자극이나 경험을 받지 못한다면 영원한 손상이나 결함을 초래할 수도 있다.

또한 영유아기에 접하게 되는 경험과 학습들은 이후 전 생애를 걸쳐 나타나는 개인의 성격발달·사회성발달·인지발달·정서발달 등의 기초가 되며, 이 시기에 적절한 환경과 성숙은 올바른 사회의 구성원으로 성장해 나가는 데 결정적인 역할을 하게 된다.

2. 영유아기 교육방법의 원리

1) 개성화의 원리

교육은 인간의 성장·발달을 조성하는 작용이다. 개인의 능력을 최대한 발휘시켜 유의미한 생활을 영위하여 행복한 생활을 증진시킴으로써 사회의 존속과 발전을 의도하고 있다.

각 개인은 지능, 특성, 흥미, 성격, 가정적 배경 등 모든 면에 있어서 차이가 있으며, 교육은 먼저 유아에 대한 개인차를 이해하고, 이것을 바탕으로 특정의 교육목표를 통합해 나아가야 한다. 이와 같은 활동에 따라 비로소 각 개인은 가장 적합한 사회적 위치와 자신의 역할을 발견하게 되고, 개인의 역량이 사회로의 환원으로 이어질 수 있게 된다.

2) 사회화의 원리

인간은 사회적 존재로서 역사 이전부터 사회를 이루어 왔고, 이것은 구성원들의 사회화를 통해 유지되어 왔다. 사회화란, '유아가 자신이 속한 사회의 기존 구성원들에 의해 중요하며 적절하다고 여겨지는 신념, 가치, 행동 등을 획득해 가는 과정'이다. 즉, 어느 한 개체가 사회적 상호작용을 통하여 그 사회에 적응하고 또 그 사회가 지닌 문화가 몸에 밴 성원으로 성장해 가는 과정을 의미한다.

그러므로 교육을 통해 학습자가 하나의 독립된 인간으로서 그들이 소속된 각종 사회에 참가하여 원만한 사회관계를 맺어가면서 개인적으로 행복하고 사회적으로 유용한 일원이 되도록 지도해야 한다.

3) 목표의 원리

학습자는 명확하고 타당한 목표에 대하여 활동이 계속되었을 때 가장 유효한 경험을 체험하게 된다. 교육방법은 유아의 현실적 요구에서 일어나는 목적을 충족시키기 위한 의도적인 활동일 때에 가장 활발하고 효과적이다.

4) 직접경험의 원리

단순한 문자나 서적을 통하여 개념적으로 학습하는 간접적 방법이 아니라, 유아의 생활 경험 영역에서 교재를 선정하고 배열하는 일이 중요하며, 지도법으로는 직접 사물에 접촉하여 관찰, 실험하고 사실을 수집, 검증, 정리하는 직접적인 경험에 의하여 지도한다.

5) 창의성의 원리

유아 자신의 자발적인 활동이 없이는 그 성과를 기대할 수 없으며, 교사는 유아의 귀중한 호기심, 활동성을 환기하여 자발적으로 가치를 추구하고 창조하는 과정을 이루도록 지도해야 한다. 첨단 경쟁 사회를 이끌어 가기 위해서는 틀에 박힌 종래의 주입식 교육보다는 개성이 있고 창의성이 풍부한 인간을 길러내는 교육을 지향해야 할 것이다.

6) 흥미의 원리

학습효과를 유효하게 하기 위해서는 유아에게 현실적인 흥미를 가지도록 하는 것이 강조되고 있다. 학습내용이 유아의 생활 경험이나 경험 영역에서 다루어지므로 학습과정에 대한 적극적인 흥미를 유발시켜 학습활동을 전개해 나갈 수 있는 지도 기술이 필요한 것이다.

7) 종합의 원리

현대인의 생활은 사회, 자연, 문화, 과학, 경제, 예술, 종교와 같이 인생의 복잡한 여러 영역에서 종합적으로 이루어지게 되었다. 학습도 여러 영역이 종합적인 형태로, 전인발달을 추구하는 인간을 형성하는 방향으로 이루어져야 한다.

chapter

02 교수학습의 개념

1. 교수학습의 의미

교수와 학습의 관계는 교사가 가르치는 것을 학생이 배우는 것으로 상호의존적 특성을 지닌다. 교수는 학습행위를 촉진시키려는 체계로서, 교육과정에 내포된 내용을 가르치는 일이며, 학습이란 학습자의 지식, 행동, 태도의 변화를 말한다. 그런데 학습은 교수한 것과 일치하지 않을 수 있으며, 때로는 교사의 가르침이 없이도 일어날 수 있다. 가장 이상적인 관계는 교육과정에 명시된 목표와 내용을 교사가 가르칠 때 학습자가 그것을 완전히 학습하는 상태이다. 여기에는 교사, 학습자, 학습 목표와 내용, 교수조건 및 교수방법 변인이 영향을 미친다(교육심리학용어사전, 2000).

교수법은 종래에는 교사가 학생에게 지식을 전달, 주입하는 방법으로 생각했으나, 근래에는 학생활동을 중심으로 교육내용을 전달하는 방법으로 이해되고 있다. 교수법은 다양하게 연구, 개발되고 있으나 하나의 학문체계는 수립되어 있지 않으며, 인간의 신체적·정신적인 구조가 복잡한 만큼 교수법도 일정한 개념으로 규정지을 수는 없다. 왜냐하면 교육에는 공장에서 물품을 생산하거나 농장에서 농산물을 재배하듯 일정하고 기계적인 방법은 있을 수 없기 때문이다.

또한 오늘날의 교수법은 교사가 일방적으로 학습을 계획하고 수업을 통제하며 학생을 지도하는 것이 아니라, 학생의 학습활동을 도와준다는 점에서 교수학습의 주체가 교사에서 학생으로 옮겨가도록 요구되고 있다. 따라서 전통적인 교수법에서와 같이 일률적인 내용을 일방적으로 주입시키는 방법은 지양하지 않을 수 없게 되었다.

이렇게 교수법의 의미는 다양하지만 가르치는 쪽에서 보면 교수작용이고 배우는 쪽에서 보면 학습작용이다. 따라서 교수법의 의미는 교수학습 방법으로 이해할 수 있다.

2. 교수학습법의 유형

교수학습의 과정에서 그 주체가 어느 쪽이 되느냐에 따라 크게 세 가지 유형으로 나눌 수 있다.

1) 교사중심형

교사중심형 교수법의 특징은 교수학습의 과정이 교사를 중심으로 하여 이루어진다. 교사는 교과의 전문가로서 교육내용을 선정하고 교육방법을 채택하는 권한을 가진다. 학습자는 근본적으로 능동적인 참여자가 아니고, 교사가 하는 대로 따라서 순응하고 적응하기만 하면 되는 수동적인 수용자가 된다. 따라서 교수법은 기본적으로 교사가 주도하는 일방적인 강의가 주가 된다.

2) 학습자 중심형

여기에서는 교수학습 과정에서 학습자의 흥미·욕구·능력이 중시된다. 가르치고 배우는 내용의 선택이나 방법·절차 등은 교사와 학습자의 협동적 계획에 의해 정해진다. 이러한 교수법에서는 근본적으로 학습자들의 자발적인 참여가 교수학습 과정의 필수적인 요소가 된다.

3) 내용중심형

내용중심형 교수법의 특징은 교과내용이 학문적인 체제로 조직되어 있으며, 미리 준비된 고정적 학습계획에 따라 교수학습이 진행된다. 따라서 교과내용의 구조가 경직되게 규정되어 있어서 이것이 교사나 학습자의 요구·관심·조건에 따라 수정되거나 조정될 수 없다. 여기에서의 교수법은 대체로 교사가 교육내용을 강의하는 방식을 취하게 된다.

3. 교수학습법의 종류

1) 강의법

강의법은 교수자의 주도로 학습자에게 일방적으로 학습정보를 전달하고 이해시키는 형태를 말한다. 교수자는 전달하고자 하는 정보의 종류와 수준을 설정하고 대부분 글과 언어를 통하여 학습자에게 전달하며, 학습자는 정보의 일방적으로 전달되는 정보를 지각하고 이해한다. 이는 다양한 교육방법 중에서도 가장 많이 보편화되어 있어 교수자와 학습자 모두에게 익숙한 방법이라고 할 수 있다. 보편적으로 새로운 인지적 기술을 학습할 때 효과적으로 사용될 수 있고 다른 방법에 비하여 정해진 시간 안에 많은 내용을 전달할 수 있는 장점이 있다.

2) 실습법

실습법은 교육기관에서 익힌 전문적인 지식과 이론을 실제 현장에서 실천해 보는 직업양성 과정의 가장 중요한 부분이며 학교에서 배운 이론만 가지고는 해결하기 어려운 직업활동의 여러 상황을 직접 해결할 수 있는 능력을 함양할 수 있는 학습방법이다. 실습을 통해 학습자는 관련 직업에 필요한 지식, 기술, 태도를 습득하는 것을 목적으로 현장에 투입되어 일과 학습을 병행하는 프로그램이다.

3) 팀티칭

팀티칭은 2명 이상의 교수자들이 모여 학습과정 및 학습자 정보를 공유하고 협력적으로 교육과정을 계획하고 의논하며 서로의 교수과정을 관찰하고 평가하는 방법이다. 교수자들은 하나의 팀으로서 더욱 전문성을 살려 수업을 계획할 수 있고, 학습자는 포괄적이고 전문적인 교수를 받으며 역동적인 수업에 참여할 수 있다. 교수자들이 공동의 수업목표를 정하고 교수과정을 계획하고 평가하여 더 좋은 교수학습 환경을 구성할 수 있지만 다양한 교수자의 특성에 적용하기 위한 시간이 필요하다.

4) 토론법

토론법은 수업의 목적에 따라 한 학습자가 자신의 의견을 제시하고 타인의 의견을 수용하는 과정의 상호작용을 통해 문제를 해결해 가는 방법이다. 토론법에서 교수자는 토론을 촉진시키거나 중재자의 역할을 담당하며 토론자의 일원으로 참여할 수 있다. 학습자는 능동적인 입장에서 의견을 개진하고 다른 학습자의 의견을 경청하고 조율하여 합의된 의견을 만들어 간다. 이 교수학습 방법을 통해 학습자는 다른 사람과의 의견을 교환하기 위한 사회적 기술을 익힐 수 있고, 학습자 자신의 의견을 외적으로 표현하면서 사고를 확고히 할 수 있어 학습의 내면화에 많은 기여를 한다. 토론법은 이미 습득된 지식이나 기술 등에 대한 기반을 좀 더 확고히 하거나 고차원적인 능력으로 발전시키기 위한 수단으로 좀 더 효과적으로 활용될 수 있다.

5) 협동학습

협동학습은 소집단을 구성하여 함께 개인과 공동의 학습목표나 과제를 수행하기 위해 역할을 나누고 상호작용을 통해 집단을 구성하는 학습자들이 모두 긍정적인 결과를 얻고자 하는 데 목표가 있다. 협동학습에서 교수자는 학습자 간 관계의 형성과 집단 내의 갈등을 해소하기 위한 중재자의 역할을 하거나 학습자와 동등한 입장에서 팀의 일원으로 과제를 수행할 수도 있다. 학습자는 집단의 목적을 달성하기 위하여 협력적인 상호 관계를 유지하는 능동적 주체가 되어야 하며 이를 통해 의사소통 및 대인관계 기술 등을 기를 수 있다. 협동학습이 성공적으로 이루어지기 위해서는 학습자의 개별적인 책무성, 구성원 간의 상호의존성, 이질적인 집단 구성방법, 교사의 적극적인 개입 등의 요소가 꼭 필요하다.

6) 역할놀이

역할놀이는 학습자들이 특정한 상황에서 타인의 역할을 맡아 각각의 입장에서 상호작용하면서 자신과 타인을 이해하는 데 도움이 되는 방식이다. 역할놀이는 개인의 삶의 의미를 발견하도록 돕고, 사회적 집단의 일원으로 개인의 딜레마를 해결할 수 있도록 돕는다. 이 방법에서 학습자는 역할극에 참여하고 논의하는 능동적인 입장이며, 교수자는 역할극을 실행하기 위해 학습자를 준비시키거나 역할극의 목적을 효과적으로 달성할 수 있도록 조정하는 역할을 수행할 수 있다.

7) 포트폴리오

포트폴리오란 보관함에 들어있는 서류 또는 수집한 작품을 의미하는데 학습자의 관심이나 능력, 성취 또는 성장을 보여주는 산출물을 의도적으로 모은 작품집이라고 할 수 있다. 이 자료는 학습자의 작품이나 교육의 과정이 담긴 결과물, 다양한 형태의 기록물 등이 스크랩북의 형태로 담기게 된다. 학습자의 성취와 성장, 그에 따른 노력의 과정을 보여주는 일련의 목적적인 작품이라고 할 수 있다. 무엇을 배우고 어떠한 과정을 통해 결과물을 얻었는지에 대한 평가의 자료로 활용할 수 있다.

8) 시뮬레이션 수업

시뮬레이션은 실제와 유사한 환경을 학습자가 직접 경험하면서 학습해 가는 방법이다. 이는 직접 경험하기에 위험하거나 실제 상황에서 사람의 능력으로는 학습하기 어려운 내용을 습득하기 위하여 활용될 수 있다. 컴퓨터와 같은 정보통신 기술을 활용하여 환경을 구현하고 그 속에서 학습하는 환경을 구성할 수 있다. 시뮬레이션을 통하여 학습하는 경우에는 실제와 유사한 환경에서 경험하고 습득하기 때문에 이해가 쉽고 동기유발이 잘 되며 실제 적용이 용이하다.

9) 플립러닝

플립러닝이란 기존 방식을 '뒤집는(flip)' 교수학습 방식으로, 전통적으로 학습자가 가정에서 과제로 수행하던 내용인 심화학습 등을 교육기관에서 수행하는 것과 달리, 교수자와 함께 수행하던 교사의 강의를 듣거나 토론하는 교육행위를 개인이 수행하는 방식을 말한다. 수업 전 학습자가 스스로 학습할 수 있도록 강의 영상 등을 온라인으로 제공하고, 교실 수업이 진행될 때에는 교수자나 다른 학습자들과의 토론이나 도움을 통해 미처 해결하지 못한 문제를 풀거나 심화된 학습활동을 수행하게 된다.

10) PBL(프로젝트 중심학습/문제기반 학습)

PBL이란 '프로젝트 중심학습(Project-Based Learning)' 또는 '문제기반학습(Problem-Based Learning)'을 의미하며, 학습자 중심의 '목표지향적 활동'에 주안점을 두며, 학습자가 중심이 되어 문제를 해결하기 위해 스스로 계획을 세우고 문제해결을 위한 구체적인 실천을 통하여 주어진 과제의 결과물을 창의적인 주제로 생성하여 지식을 구성해 나가는 방법이다.

전통적 방식의 수업에서는 먼저 학습할 개념이나 원리를 교사가 학생들에게 소개한 다음, 학습의 결과를 확인하는 방법으로 진행되는 반면 PBL에서는 학습이 시작되는 시점에서 학습상황의 문제를 제시한다. 이러한 방식은 제시된 문제의 원리와 개념을 이해하고 확인하기 위한 목적으로 사용되며 제시되는 문제는 여러 원리와 개념들이 복합적으로 작용하며 학습 내용을 광범위하게 포함한다.

11) 인지적 도제

도제식 교육은 수공업, 상업 또는 예술 분야에서 교사 또는 장인의 지도로 실습을 통해 전문적 기술을 습득하는 방법이다. 기술 또는 기능을 습득하고자 하는 도제가 특정한 분야의 전문가인 장인의 직접적인 영향력이 미치는 범위에서 일을 수행하며 전문성을 개발하는 방식이다. 장인은 학습자 앞에서 자신이 가지고 있는 관련분야의 지식이나 기능 등을 시연하고 이를 따라 하도록 요구한 뒤 실행하는 과정을 옆에서 지도하거나 조언하는 상호작용 중심으로 학습이 이루어진다.

12) 개별화 학습

개별화 학습은 모든 교육과정에 대해 각각의 학습자의 개성에 맞는 교육을 진행해야 한다는 개별화 원리에 따라 전개되며 개인의 지능이나 특성, 흥미나 학습속도, 학습수준, 인지적 특성 등에 의한 개인차를 고려한 교수학습법이다. 교수자는 개인의 학습 경험을 중시하고 학습자가 스스로 지식을 구성하고 개발해 나가도록 도움을 제공하는 역할을 수행하며 자신의 역량을 충분히 발휘하여 교육적인 성취를 이루도록 지원한다.

4. 2019 개정 누리과정 및 제4차 어린이집 표준보육과정에서의 교수학습

2019 개정 누리과정에서의 교수학습에서는 유아중심 및 놀이중심을 추구하며 놀이의 특성, 의미, 가치를 이해하여 유아가 즐겁게 놀이하면서 배우는 경험을 지원하는 놀이 지원자로서의 교사의 역할을 제안하고 있다(교육부, 2019). 제4차 어린이집 표준보육과정에서는 먼저 영유아의 의사 표현을 존중하고 개개인의 특성, 기질, 개인차를 고려하여 개별적으로 민감하게 반응할 것을 명시하고 있다.

다음은 2019 개정 누리과정과 제4차 어린이집 표준보육과정에서 제시한 국가수준의 교육과정에서의 교수학습에 대한 내용이다.

1) 유아가 흥미와 관심에 따라 놀이에 자유롭게 참여하고 즐기도록 한다

- 자신만의 방식으로 자유롭게 이끌어 가는 놀이 지원
- 놀이를 통해 자신의 유능함을 드러내고 즐겁게 배우며 성장하도록 돕기
- 자연스럽게 자연, 사물, 사람 등을 만나며 세상과 교감하도록 지원하기
- 자신이 경험한 세상을 재구성하며 세상에 대한 이해를 넓혀가도록 돕기

- 성인의 간섭과 통제가 최소화되고 유아가 다양한 놀이 환경과 만나도록 안내하기
- 놀이에 내재된 의미와 가치를 파악하고 무엇을 지원해 줄 수 있을지를 발견하기
- 놀이 상황과 맥락에 따라 새롭게 생성되는 내용을 존중하고 이해하며 지원하기

2) 유아가 놀이를 통해 배우도록 한다

- 놀이를 배움의 과정으로 이해하고 유아의 놀이를 지원하기
- 어디서나 자유롭게 놀이하며 유의미한 배움이 일어나도록 지원하기
- 다양한 방식으로 놀이를 통해 배우고 성장할 수 있도록 지원하기
- 놀이와 연계된 활동을 통한 유아의 배움 지원하기
- 교사의 자율성을 발휘하여 유아가 놀이에서 경험하는 배움을 지원하기

3) 유아가 다양한 놀이와 활동을 경험할 수 있도록 실내외 환경을 구성한다

- 다양한 실내·외 놀이 환경과 풍부한 놀이자료를 제공하여 놀이가 활성화되도록 돕기
- 유아의 관심과 흥미, 요구에 따라 새로운 영역을 구성하고 유아 주도적 놀이 지원
- 즐겁게 놀이하고 위험으로부터 자신을 안전하게 보호하는 능력을 기를 수 있도록 돕기
- 풍부한 놀이자료를 제공하고 창의적인 놀이 방식을 인정하고 존중하기
- 자료의 사용 방법이나 놀이 방식을 지나치게 제한하지 않도록 유의하기

4) 유아와 교사, 환경 간에 능동적인 상호작용이 이루어지도록 한다

① 유아와 유아 간의 상호작용

유아가 자신의 생각을 표현하고, 다른 친구의 의견을 듣고, 양보하고, 배려하고, 자신과 다른 의견을 수용하여 조절하는 경험을 갖도록 지원하기

② 교사와 유아 간의 상호작용

- 교사는 유아의 흥미와 관심이 어디에 있는지 파악하고, 칭찬, 격려, 미소, 공감 등 정서적 또는 언어적 상호작용을 통해 놀이를 긍정적으로 수용하고 격려하기
- 교사는 유아와 주변 세계를 이해하는 공동의 놀이자로서 놀이에서 발생하는 문제를 함께 해결하면서 유아의 배움을 이끄는 상호작용 지원하기

③ 유아와 환경 간의 상호작용

- 유아 주변의 친근한 공간, 자료, 일상생활에서 자연스럽게 접하는 모든 환경과 교감할 수 있도록 지원하기
- 유아와 환경 간의 상호작용에 주의를 기울이고 존중하며 유아들이 환경과 즐겁게 상호작용할 수 있도록 지원하기

5) 교육과정 영역의 내용이 통합적으로 유아의 경험과 연계되도록 한다

- 개정 누리과정의 5개 영역과 표준보육과정에 포함된 6개 영역의 내용이 놀이를 하며 통합적으로 경험될 수 있도록 지원하기
- 교사의 자율성을 바탕으로 유아의 놀이상황과 맥락에 따라 영역을 다양한 방식으로 융통성 있게 유아의 경험과 연계하여 지원하기

6) 개별 유아의 요구에 따라 휴식과 일상생활이 원활히 이루어지도록 한다

- 유아의 건강 상태, 날씨나 계절, 기관의 상황 등에 따라 하루 일과를 융통성 있게 운영할 수 있도록 지원하기
- 유아마다 다른 신체 리듬을 반영하여 하루 일과를 운영하기
- 놀이의 상황과 개별 유아의 요구 등을 적절히 반영하여 일과가 원활하게 이루어지도록 운영하기

7) 유아의 연령, 발달, 장애, 배경 등의 개별 특성에 적합한 방식으로 배우도록 한다

- 유아가 서로 다른 관심과 능력, 다양한 맥락 속에서 자신만의 방식으로 놀이하고 배워가도록 지원하기
- 유아가 다양한 문화적 특성을 서로 인정하고 존중하며 가치 있게 여길 수 있도록 지원하기

chapter

03 교수학습의 발달이론

이론이란 미술, 음악, 교육과 같은 주제 혹은 활동과 관련된 사고(idea)에 대한 체계적인 연구를 뜻한다. 즉, 이론이란 다양한 관찰이나 현상, 혹은 활동들을 대신할 수 있는 사고의 체계나 분석 및 종합의 방법 혹은 개념 틀(conceptual framework)을 제공해 준다. 따라서 체계적이고 일관성 있는 사고의 전개가 훌륭한 이론의 특성으로 간주될 수 있다. 좋은 이론이란 필수적인 연구와 조사의 지지를 받으면서, 관련된 모든 요인들과 그들 간의 관계를 밝히고, 실제 교육현장에 효과적인 방향을 부여하기 위해 고안된 개념 틀을 제공할 수 있는 이론이다.

영유아 발달에 관한 이론들과 그 이론들의 쟁점을 살펴봄으로써 각 발달이론의 체계적이고 일관성 있는 사고의 전개를 통해 영유아 발달 분야에서 현대의 사고와 연구를 주도하는 대표적인 관점들을 살펴보고자 한다.

1. 성숙주의 이론

성숙주의 이론은 1800년대 찰스 다윈(Charles Darwin)의 진화에 관한 연구와 프랜시스 갈톤(Francis Galton)의 타고난 유전인자가 비슷한 사람은 동등한 능력을 가진다는 연구에 그 뿌리를 두고 있다. 1800년대 중기와 말기에 자연과학, 특히 새롭게 나타난 생물학에서는 아동에 관한 연구를 통해 인간의 기원과 생리적 과정의 역동성에 관한 이론을 지지하는 증거를 찾는 것이 가능하리라 가정했다.

영국의 생물학자이며 인간의 생물진화론의 정립에 공헌하였던 다윈(1809~1882)은 자신의 진화론을 뒷받침하기 위해 아동의 발달과정을 연구하였던 대표적인 학자이다. 다윈은 인간의 행동과 다른 종의 행동 사이에서 나타나는 유사성은 진화적으로 동일한 조상을 가진 결과라고 가정하고, 인류의 기원에 관한 중요한 단서를 발견하려는 목적으로 자신의 어린 아들의 생후 삼 년간의 행동을 자세히 기록하기도 하였다. 다윈은 자율적인 근육운동과 언어 그리고 두려움이나 화, 애정의 표현과 같은 정서반응뿐만 아니라 빨기와 같은 초기 반사행동을 기록하였으며, 비슷한 점이 나타날 때면 아동의 행동을 다른 동물의 행동과 연결 지어 설명하였다.

또한 다윈의 이종사촌이었던 갈톤은 1883년 『인간의 재능과 개발에 관한 연구(Inquiries into Human Faculty and Its Development)』를 출간하면서 처음으로 우생학(eugenics)이라는 용어를 사용하였고 능력은 유전된다는 이론을 주장함으로써 기본적인 유전론자로서의 입장을 강하게 주장하기 시작하였다. 이러한 갈톤의 우생학 사상의 바탕을 이루고 있는 것은 소위 역선택(negative selection)의 사고였다. 진화가 환경과 개체 간의 상호작용에 의한 변화의 결과로 일어나는 것이라면 진화의 이면에는 반드시 퇴화가 존재하기 마련이다. 다시 말해 자연계에서 생존경쟁에 의한 진화는 퇴화하는 개체를 필연적으로 전제하고 있다는 것이다. 갈톤은 이러한 역선택의 사고에 근거하여 퇴화한 인종을 제거하고 우수한 인종을 육성해 인류의 인종개량을 도모하고자 하였다. 그러나 우리는 역사적 과정 속에서 환경에 따라 유전적 요소의 사회적·생물학적 가치가 얼마나 많이 변하는지도 알게 되었으며, 유전학의 발달은 유전자의 변이가 자연적으로 항상 일어날 수 있으며 방사능 조사에 의해 유전적으로 유도될 수도 있음을 알게 되었다.

성숙주의 이론은 이러한 진화론적 사고를 태동으로 시작된 발달이론이며, 아동의 타고난 유전적 요인에 의해 인간의 성장과 발달이 이루어진다는 이론이다. 아동발달 이론 중에서 가장 오래된 이론이며 이 이론에 의하면 영유아의 발달은 주로 생물학적·유전적 요인에 의해 좌우되는 것으로 간주되고, 행동이란 유전적 암호에 의해 생물학적으로 결정되는 것이다. 따라서 새로운 행동의 출현은 환경 또는 경험에 의해 좌우되지 않으며 개인의 연령과 깊은 상관이 있다고 본다. 성숙주의 이론에 의하면 아동은 연령의 증가에 따라 성장할 수 있는 자질과 능력을 가지고 태어났으므로 그에 도움이 될 만한 건전한 환경을 필요로 한다는 것이다. 특히 학습 환경은 유아가 학습활동을 자유롭게 선택하도록 안내해 주는 우호적인 교사와 잘 준비된 환경이 있어야 한다. 성숙주의 견해에 기초한 유아교육 프로그램은 아동에게 정서적으로 풍부한 환경을 제공함으로써 자기표현을 충분히 도와준다. 준비도(readiness)의 개념이 이러한 견해의 중심이 된다.

1) 홀(G. Stanley Hall, 1844~1924)

스탠리 홀은 미국에서 아동연구가 새로운 학문으로 등장하는 데 결정적인 역할을 한 사람 중 하나로 성숙주의 이론의 초기 주창자이다. 초대 미국 심리학회 회장이었으며 발달 심리학 연구의 기초자였던 스탠리 홀은 아동에 대한 관심 때문이라기보다는 사회진화에 대한 관심에서 1880년대 아동에 관한 연구를 시작하였다. 홀은 유럽에서 심리학의 개척자인 빌헬름 분트(Willhelm Wundt)와 심리학을 연구한 최초의 미국인으로 1880년 '어린이의 마음의 내용'에 관한 연구에 관심을 가지고 미국으로 돌아오게 된다. 분트 이전까지만 해도 인간의 정신과정인 사고와 꿈은 접근할 수 없는 신비한 현상으로 여겨졌으며 정신과 물질, 영혼과 육체는 완전히 분리되어 있다고 간주되었다. 분트는 이러한 전통에 반기를 든 학자였으며 인간의 정신을 객관적이고 과학적으로 연구하기 위해 측정과 실험을 도입함으로써 과학으로서의 심리학의 기틀을 마련한 사람이기도 하다.

분트의 이러한 사상에 영향을 받은 홀은 독일에서 배운 설문지 방법을 도입하여 보스톤 지역의 약 200명의 유치원 아동들에게 '소를 본 적이 있는가?', '벽돌은 무엇으로 만들어지는가?' 등의 질문들을 해보았다. 각기 다른 인종의 아동들 간에 만들어진 반응들을 비교·검토하였으며 이러한 연구는 한 아동의 세부적인 특성을 조사하였던 이전의 연구와는 달리 처음으로 집단자료를 모아 아동 집단을 비교하였다는 점에서 특징이 있었다.

홀은 발달단계에 따른 예정적 개화를 강조한 유전학적 견해를 주장하였는데, 이는 아동의 성장·발달을 아동이 지닌 잠재능력의 개발로 보는 입장이며, 흔히 이러한 사고를 식물의 성장에 비유하기도 한다. 식물은 식물의 유전적 특성에 따라 성장하는데 아동의 성장과 발달도 식물의 성장과정과 유사함을 말하였고 이는 아동의 자발적 성장의 의미를 높이 평가하고 아동중심적인 이론의 성격을 의미하기도 한다.

그러나 홀은 인류의 역사는 유전자에서 제시되었으며, 연속적 아동기의 발달단계들은 인간의 진화의 반복발달(recapitulation)이라고 생각하였다. 이러한 반복발달에 관한 개념은 널리 인정받지 못하였는데, 그 이유는 인간은 똑같은 상태로 존재하는 것이 아니고 시간이 경과함에 따라 변화한다는 다윈의 진화론을 잘못 적용한 것이었기 때문이다. 홀의 이론은 당시 상당한 영향을 미쳤으며 1891년 유전적 발달심리학저널(Journal of Genetic Psychology)로 불리는 최초의 심리학술지를 만들기도 하였다.

2) 게젤(Arnold Gesell, 1880~1961)

게젤은 미국 위스콘신 알마에서 태어났다. 1906년 아동발달심리학의 선구자 중 한 사람인 홀이 있었던 클라크 대학에서 박사학위를 받게 된다. 1911년 예일 대학에서 아동발달연구소를 설립하였으며 예일 대학 재직 시 게젤은 의학 공부가 그의 연구의 심도를 더해줄 것이라고 생각하여 의학을 공부하였다.

게젤에 의하면 아동발달은 유전적으로 규정되어 있어서 성숙이라는 특별한 프로그램에 의해 이루어진다고 하였고, 인간은 출생 전후 발생학적으로 항상 같은 순서에 의해 발달한다는 것을 주장하였다. 즉, 성숙에 의해 통제되는 행동의 단계들을 예견할 수 있다는 것이다. 그리고 유전자는 유기체의 형태와 행동 유형이 순서적으로 발달하도록 그 방향을 결정하는데, 이 유전자가 발달과정을 방향 짓는 기제를 '성숙'이라고 하였다. 성숙은 환경적 요인과는 구별되는 개념으로 환경적 요인들은 적절한 성장을 유지시키지만 행동 유형을 순서적으로 발달시키는 데 직접적인 역할은 하지 못한다는 것이다. 이러한 성숙에 관한 이론에 준비(readiness)의 개념은 무척 중요하다. 행동의 단계별 과정은 아동이 준비될 때까지 기다려야만 하며 서둘러 훈련시키는 것이 바람직하지 않다. 따라서 준비란 행동에 필요한 신체적·신경학상의 발달이 완성되어 있다는 것을 의미하는 것이다.

실제로 게젤은 여러 가지 행동이 나타나는 표준 연령과 규준(norm)을 만들었으며 영유아들의 일반적인 행동들, 예를 들어 잠 깨는 형태, 수면형태, 놀이, 발성 등의 활동들에 관한 규준 및 도표 등을 포함하는 책을 출판하였다.

게젤은 임상 연구 시 아동을 과학적으로 관찰하였는데, 일방경을 통하여 유아를 관찰하는 등 어린 아동의 연구에 새로운 정밀성을 시도하였다. 그럼에도 불구하고 게젤이 제시한 기준은 너무 획일적이고 어떤 연령에도 있을 수 있는 변이 정도를 제시하지 못하고 있다. 더구나 연구 대상에 관한 비판에 있어서는 과학적인 방법으로 아동을 관찰하려고 노력하였으나, 예일 대학 환경 안에 있는 아동들을 대상으로 관찰하였으므로 그 보편성에 문제가 있음을 지적받고 있다.

그러나 영아의 운동발달에 관한 게젤의 기준은 대단한 가치가 있어서 지금까지 소아과 의사, 교육자, 아동을 다루는 심리학자들에게 유용하다.

2. 정신분석 이론

정신분석 이론은 19세기 후반 프로이트에 의하여 주장된 이론으로 1960년대까지 유아교육 발전에 큰 영향을 가져온 이론 중의 하나이다. 정신분석 이론에서 영아는 즉흥적인 만족을 요구하는 본능적인 욕구와 무기력함의 형태로 삶을 시작한다고 보고 있다. 아동발달은 성욕(libido)의 5단계 시리즈로 연결되며 한 단계에서 기본적인 충동이 해소되지 않으면 인성발달에 영구적인 결함을 초래한다고 하였다.

프로이트는 자유 연상법(free-association)과 자기 분석(self-analysis)을 통해 인간의 심리 세계에 대한 새로운 관점인 정신분석을 제시했다. 그는 성인 환자를 치료하는 과정에서 성인들이 겪는 정신적인 문제들은 대부분 어린 시절에 경험한 성적 욕구와 관련이 되어 있다는 점을 확신하였다. 따라서 출생 후부터 아동기까지 성은 성격발달에서 매우 중요하다고 보았다. 이런 측면에서 프로이트의 이론을 심리성적 발달 이론(psychosexual development theory)이라고도 부른다.

1) 프로이트(Sigmund Freud, 1856~1939)

프로이트는 오스트리아 출신으로 유대인 직물 상인이었던 아버지 야곱과 어머니 아말리아 사이의 장남으로 태어났다. 네 살 때 빈으로 이사해서 1938년

런던으로 이주할 때까지 약 80년 동안 빈에서 살았다. 17세에 빈 대학교 의과대학에 입학해서 8년 후에 졸업했고, 1881년 박사학위를 받았다. 프로이트는 슬하에 6남매를 두었는데 그중 가운데 딸 안나는 아버지의 뒤를 잇는 정신분석학자가 되었다.

프로이트는 전문의가 될 생각은 없었으나 유대인이라는 제한 때문에 그리고 가족의 경제적 요구 때문에 개업을 하게 되었다. 1902년 이래 빈 대학에서 교수 칭호를 부여받기는 했으나 교수직을 갖지는 못했다. 그러나 그의 학문적 열정에 의한 연구와 집필활동은 계속되었으며, 그의 연구 업적은 오늘날 확고한 평판을 받게 된다.

프로이트에 의하면 인간은 본능적인 충동들과 이를 억압하려는 사회적 체제 사이에서 항상 고민하는 갈등적인 존재이다. 그는 아동발달의 공통적인 경로를 생의 초기에서 나타나는 육체적 쾌감과 연결지었을 뿐만 아니라 어린 시절의 성적 경험은 성장한 후의 행동에 영향을 미친다고 주장하였다. 그러나 프로이트는 인간의 행동이 유전적 요소에 의해서만 좌우된다고는 하지 않았다. 비록 생물적인 충동에 의해 좌우되더라도 인간은 환경과 그 환경에 있는 사람들에 의해 아주 강하게 영향을 받는다고 하였다.

(1) 심리성적 발달 단계

프로이트가 가장 큰 관심을 가졌던 생명본능은 '성'으로서, 그의 초기 이론에서는 개인이 행하는 모든 행동을 성에 귀인시키기도 하였다. 성 충동은 여러 신체 부위, 즉 성감대에 그 출처가 있는데, 입술과 구강, 항문 부위, 성기관 등이 이들이다. 프로이트는 인간의 발달은 보편적인 단계를 따라 진행되는데 각 발달단계는 신체의 특정 부위 혹은 성감대의 민감성의 발달에 따라 발달단계마다 독특한 특성이 나타난다고 하였다.

① **구강기**(Oral Stage : 출생에서 약 1.5세경)

주된 성감대는 구강이며, 유아는 구강을 통하여 젖을 빨거나 음식을 깨무는 것을 통하여 성적 욕구를 충족시킨다. 후에 이가 나면서부터는 음식을 씹는 데 쾌감을 주는 대상을 적극적으로 추구한다. 이 시기에 구강으로 얻고자 하는 만족감이 충분하지 않으면 욕구불만이 생기거나, 너무 과잉 충족이 될 경우도 다음 발달단계로 넘어가지 못하는 고착(fixation) 현상을 초래하기 쉽다. 가장 쉽게 나타나는 고착의 현상으로는 미성숙, 쉽게 의존하는 의존감이 높은 성향, 알코올 중독, 습관성 흡연, 과식 습관, 손톱 깨물기, 언어적 공격성 등이 있다. 또한 사회적 관계에 있어서도 자아중심성을 많이 나타내게 된다.

② **항문기**(Anal Stage : 약 1.5세에서 3세경)

음식이 소화된 후의 찌꺼기의 배출(배변)은 불쾌감을 없애주고 평안함을 준다. 일반적으로 대소변 가리기 훈련을 통해 본능적 충동을 외부로부터 통제받는 경험을 하게 된다. 이때 양육자가 행하는 배변훈련의 성향과 배설에 대한 양육자의 태도나 감정에 따라서 배변훈련의 결과는 장기적으로 유아의 성격과 가치관을 형성하는 데 영향을 준다. 배변훈련이 너무 강제적이고 억압적으로 이루어지면 이후 적대적이고, 너무 모험적이고, 인간 관계 속에서 지나치게 도전적인 성향을 갖기 쉽다. 또한 성인이 된 후에도 이 시기에 고착된 현상으로 결벽 증상을 갖게 될 수도 있다. 적절한 배변훈련은 생산적인 사고와 독창성, 창조성의 기초가 된다.

③ **남근기**(Phalic Stage : 약 3세에서 5세경)

이 시기에는 주된 성감대가 항문에서 성기로 옮아간다. 남근기 동안 유아의 리비도는 이성 부모를 향한 근친상간의 욕구로 나타나며, 중요한 현상으로는 오이디푸스 콤플렉스(Oedipus complex)와 엘렉트라 콤플렉스(Electra complex)

가 나타난다. 남아는 이성의 부모인 어머니에게 강한 애착을 갖게 되면서 동성인 아버지에 대한 경쟁심을 느끼게 된다. 그러나 아버지는 신체적으로 강하고 우세하기 때문에, 그리고 동등한 경쟁자로서 남아의 중요한 부분인 성기를 제거할 수도 있다는 거세불안(castration anxiety)으로 인해 어머니에 대한 애착에서 물러나 동성으로서의 아버지를 닮아가려는 동일시(identification)의 과정을 겪게 된다. 이러한 일련의 과정 속에서 느끼게 되는 오이디푸스 콤플렉스와 동일시의 과정은 남아의 성격 형성과 성역할 등에 중요한 영향을 미치게 된다.

이에 반해 여아의 경우 동일한 시기에 이성의 부모인 아버지에게 강한 애착을 형성하면서 어머니에 대한 경쟁심과 적개심을 갖게 된다. 이러한 과정 속에서 얻게 되는 여아들의 현상을 엘렉트라 콤플렉스라고 하였으며, 여아들의 이러한 콤플렉스는 남아들의 오이디푸스 콤플렉스보다 훨씬 더 복잡한 과정이고 여아들이 이 과정을 극복하는 일련의 과정을 단적으로 설명하기는 힘들다고 프로이트는 고백한 바 있다. 그러나 여아는 남아에 비해 신체적인 특성상 거세불안의 과정은 겪지 않으며, 자신의 신체에 눈뜨게 되면서 남근 선망(penis envy)을 갖게 된다고 한다.

이 시기의 발달단계를 정상적으로 넘어가지 못할 경우 성인이 되어 성적인 여러 문제점들을 갖게 되는데, 예를 들어 여성은 성적 불감증을 갖거나, 남성은 성교 불능이 되기 쉬우며, 인간관계에서도 경쟁적인 관계를 못 견디거나 무능력함을 나타내는 성향을 보이게 된다.

④ 잠복기(Latency Stage : 약 6세에서 11세경)

이 시기는 리비도가 잠시 주춤하는 일종의 평온의 시기이다. 성적 욕구를 거의 잊고 위험한 충동이나 환상이 잠재되는 조용한 시기로, 이 시기는 대체로 아동들의 행동반경이 확대되고 사회관계도 폭넓게 이루어지는 시기로 리비도에 집착하기보다 학교생활과 운동이나 게임 등 사회적으로 용납되는 행동에 에너지의 발산이 이루어진다. 이때에는 동성의 또래집단들과의 놀이, 가정 밖의 여러 성인과의 대인관계 등을 통해 장차 사회생활에서 필요한 여러 가지 가치와 기술들을 습득하게 된다.

⑤ 생식기(Genital Stage : 사춘기 시기)

사춘기가 되면서 성적 에너지는 다시 분출되어 이전 시기에 억압되었던 충동이 무의식에서 의식으로 들어오게 되고, 이 시기는 그러한 충동을 현실적으로 수행할 수 있는 능력을 갖게 된다. 이전 단계까지는 자기 자신으로부터 성적 만족을 취하는 자기애적 성향의 특징을 가지고 있었으나 이 단계에서는 그 성향이 이성애적으로 변화된다. 따라서 이 시기까지 순조로운 발달을 성취한 사람은 점차 타인에 대한 관심과 협동의 태도를 갖게 되고, 이타적인 성격의 소유자로 발달한다.

(2) 성격의 세 체계

인간의 성격을 구성하는 세 체계는 원초아(id), 자아(ego), 초자아(superego)이다. 각 체계는 나름대로의 독특한 기능과 속성을 가지고 있으며, 이 세계는 서로 밀접하게 연관되어 있다. 인간의 행동은 이 세 가지 체계의 상호작용에 의해 이루어지며 한 가지 체계로만 작용하는 것은 거의 없다고 보았다.

① 원초아

성격의 원초적인 체계로서 이로부터 자아와 초자아가 분리된다. 원초아는 본능을 포함하여 유전되고 출생 때부터 나타나는 생리적 반사 및 모든 심리적인 요소들로 구성되어 있다. 원초아는 쾌락원리(principle of pleasure)에 의해 지배되며, 고통을 최소화하거나 피하고 쾌락을 최대로 하는 목적을 가진다. 원초아 속에 있는 심상과 충동은 매우 유동적이어서 다른 영역 속에 쉽게 침투하므로 원초아는 때때로 무질서하고 비논리적이다.

② 자아

프로이트에 의하면 자아는 이성과 분별을 의미한다고 하였으며, 현실원리(principle of reality)를 따른다고 하였다. 자아의 중요한 역할은 원초아의 본능적 욕구와 그를 둘러싸고 있는 환경의 조건을 중재하는 것이다. 즉, 현실에 비추어 적절한 상황이 올 때까지 원초아의 욕구를 지연하거나 보류시키고 보다 합리적인 방안을 강구하는 것이다. 자아 강도가 약할 경우 비현실적인 특성들이 나타나며 환경에 적응하지 못하여 충동적인 행동을 하거나 지나치게 공상적이 되기도 한다.

③ 초자아

초자아는 도덕원리(principle of morality)에 입각하여 현실적이라기보다는 이상적으로 표상되며 완전을 추구하는 자아의 형태이다. 부모나 사회로부터 물려받은 가치와 도덕이 내면화된 것으로 초자아의 관심사는 무엇이 옳고 그른가를 결정하여 도덕 표준에 맞게 행동하게 하는 것이다.

원초아, 자아, 초자아 체계는 서로 대립되거나, 서로 방해가 되는 존재들이 아니라 자아의 지휘하에 한 팀으로 작용한다. 일반적으로 원초아는 성격의 생물학적 요인으로, 자아는 심리학적 요인으로, 초자아는 사회적인 요인으로 생각될 수 있다.

2) 에릭슨(Erik H. Erikson, 1902~1994)

에릭슨은 독일 출생의 미국 정신분석학자이자 심리학자이다. 1902년 독일의 프랑크푸르트에서 출생하였으나 실제로 부모는 덴마크 사람들이었다. 에릭슨이 출생하기 전 부모가 별거한 몇 달 동안 그의 어머니는 친구들이 있는 프랑크푸르트에 와서 있다가 에릭슨을 낳게 되었다. 얼마 후 아버지가 사망하였고, 어머니는 에릭슨이 세 살 때 유대인 소아과 의사와 재혼하였다. 미술과 자유로운 분위기, 그리고 여행을 좋아하여 대학에 진학하는 대신 유럽을 일 년간 여행하기도 하였다. 25세가 되어 안나 프로이트가 운영하던 학교에서 아이들을 가르치며, 프로이트에게 교육 분석 및 기타 훈련을 받았고, 아동정신분석 분야에서 자격증도 얻었다. 결혼 후 에릭슨은 1933년 히틀러의 유대인 박해정책으로 인해 미국으로 이주하여 보스톤에 자리 잡았다.

보스톤에서 아동정신분석을 연구하던 에릭슨은 1936년 예일 대학으로 옮겨 연구를 계속하였고, 2년 후 사우스다코타의 인디언 보호구역에서 삭스족과 함께 살면서 연구 활동을 계속하였다. 그 후 샌프란시스코로 이사하여 아동의 놀이요법 연구와 유로크 인디언어족에 관한 문화 인류학적 연구를 하였다.

에릭슨은 프로이트와 마찬가지로 그의 탁월한 통찰력으로서 인간의 발달과정을 이론화하였다. 프로이트의 정신분석학적 개념이 고대의 희랍신화에서 발생된 것이 많은 데 반해, 에릭슨의 개념은 시, 민속 그리고 일상생활의 지혜를 참고로 하고 있는 부분이 많다. 그러나 기본적으로는 프로이트의 이론을 바탕으로 하여 그의 새로운 이론을 전개하였다.

에릭슨은 인간의 발달은 생물학적 과정, 자아과정 그리고 사회적 과정과 원초아, 자아, 초자아 체계는 서로 대립되거나, 서로 방해가 되는 존재들이 아니라 자아의 지휘하에 한 팀으로 작용한다. 일반적으로 원초아는 성격의 같은 조직과정에 의해서 이루어진다고 보고 있다. 즉, 인격은 프로이트의 주장과 같이 생물학적으로 기초된 성심리 발달보다는 일평생을 통한 환경과의 지속적인 상호작용을 갖는 자아를 통해 형성된다고 주장하였다. 프로이트의 입장을 부인하는 것은 아니나, 에릭슨은 프로이트의 이론을 충분히 수용하면서도 인격의 형성과 발달은 일평생을 통해서 계속 이루어지며 비록 어릴 적에 치명적인 상처가 있다 하더라도 훗날 좋은 환경을 지속적으로 만나게 되면 수정이 가능하다고 하였다.

(1) 에릭슨의 생애주기이론

에릭슨은 인간의 발달단계는 유전적 요인에 의해 결정되지만, 유전적으로 결정된 단계가 현실화되는 것은 사회적 혹은 환경적 힘에 의해서라고 말한다. 인간은 각 발달단계에서 위기를 경험하며, 이 위기를 잘 해결하느냐 그렇지 않느냐에 따라서 인생의 방향이 결정된다고 본다. 즉, 각 발달단계에서 심리·사회적 위기를 잘 극복하면 긍정적인 성향의 성격이 형성되고, 그렇지 못할 경우 부정적 성향의 성격을 형성하기 쉽다고 한다.

① 신뢰감 대 불신감 단계(Trust vs. Mistrust : 출생에서 약 1세경)

이 시기는 프로이트의 구강기에 해당하며, 출생한 영아는 돌보는 양육자(특히 어머니)와의 관계를 통해 자신들이 필요로 하는 것을 얻으려 애를 쓰게 된다. 이때 돌보는 사람의 행동에서 일관성과 예측성, 의존성을 발견하게 되면 부모에 대한 기본 신뢰를 형성하게 된다. 그러나 주된 양육자가 아기의 요구에 잘 응해주지 않거나 일관성이 없을 경우 아기는 불신감을 갖게 된다.

에릭슨은 이 시기를 인생에서 가장 중요한 시기로 보았는데, 그 이유는 이 시기에 신뢰감을 형성하게 되는 것이 생의 후기에 맺게 되는 모든 사회관계에서의 성공적인 적응과 밀접한 관련이 있기 때문이다. 즉, 양육자와 유아의 관계에 따라 유아가 세상을 신뢰의 태도로 보는가 아니면 불신의 태도로 보는가가 결정된다.

② 자율성 대 수치심 단계(Autonomy vs. Shame : 약 2세에서 3세경)

이 시기의 유아는 여러 개의 상반되는 충동 사이에서 스스로 선택을 하고자 하게 되며, 이러한 과정을 통하여 자신의 의지를 나타내고자 하는데 이것이 곧 자율성과 연결된다. 이 단계의 유아는 근육발달로 인하여 대소변의 통제가 가능하게 되며, 스스로 걸을 수 있게 되면서부터 자기 주위를 열심히 탐색하고 음식도 남의 도움 없이 먹으려 한다.

이 시기의 유아들이 자존감을 잃지 않으려면 자기 통제력을 발달시키는 것이 필요하며, 독립심과 유능감을 발달시켜야 한다. 유아가 자신의 보조 및 방식에 따라 무엇을 하도록 허용을 받고 격려받으면 유아의 자율성은 발전하게 된다. 그러나 유아의 신체적 발달이 갖추어지지 않은 상태에서의 강압적이거나 무리한 배변, 보행, 식사 훈련 그리고 다른 유아와 상대적으로 비교하거나 강요하는 양육 태도는 부정적 발달 특성으로 이어지기 쉽다.

③ 주도성 대 죄책감 단계(Initiative vs. Guilt : 약 4세에서 5세경)

이 시기는 신체적인 활동이 활발한 시기이며, 다양한 신체적 활동 및 언어활동에 참여할 수 있는 능력이 있는 시기이다. 이 단계의 유아는 부모 이외의 다양한 인간관계를 형성해 나가게 되는데, 이때 부모로부터의 전적인 애착관계에서 벗어나 목표를 설정하고 달성하기 위해 노력하는 주도성을 획득하게 되며, 그렇지 못할 때 죄책감을 갖게 된다. 그러므로 주도성이 발달하는 이 단계에서 유아는 자신과 타인을 보호하기 위하여 제한 영역을 설정할 줄 알아야 하며 이 제한을 벗어날 때 잘못했다는 것을 배울 필요가 있다.

이 시기의 유아들에게 새로운 목적의식과 방향을 지지해 주면 주도성이 발달하게 되나, 지나치게 자제하도록 요구하거나 유아가 실패의 경험을 많이 하게 될 경우 지나치게 자신을 통제하거나 자기주장에 대해 죄책감을 갖게 된다.

④ 근면성 대 열등감 단계(Industry vs. Inferiority : 약 6세에서 11세경)

이 시기는 초등학교 시기로, 신체적·사회적·인지적 기능이 활발한 때이며, 다른 사람의 인정을 받으려 애쓰는 시기이기도 하다. 근면이란 학업을 시작하면서 작업의 원칙을 익히고 기술을 습득하는 것이며, 이런 과정에서 쾌락이나 보람을 느끼고 성취감을 얻게 된다. 만일 이 시기에 순조롭게 근면성이 발달하지 못하고 실수나 실패를 거듭하게 되면, 아동은 부적절감과 열등감을 갖게 된다. 이러한 열등감은 전 단계에서 성공적으로 갈등을 극복하지 못했을 때나, 혹은 학교나 사회가 아동에 대한 편견적 태도를 취할 때에도 발달하기 쉽다.

⑤ 정체성 대 정체성 혼미 단계(Identity vs. Role Confusion : 약 12세에서 18세경)

이 시기는 청소년기에 해당되며, 질풍노도의 시기라고 표현하기도 한다. 자기 자신에 대해 올바로 인식하게 되면서 자신 속에서 일관성 있는 자아를 발견하게 되고, 그들 자신이 타인의 눈에 어떻게 보여지는가에 대한 관심이 고조되며, 자기 존재에 대한 새로운 의문과 탐색이 시작되는 시기이다.

에릭슨은 이 시기를 기본 신뢰감이 형성되는 시기인 제1단계에 못지않을 만큼 중요한 시기라고 주장하였다. 그 이유는 이 시기에 긍정적인 자아정체감을 형성하면 이후의 단계에서 부딪히는 심리적 위기를 무난히 넘길 수 있게 되지만, 그렇지 못할 경우 다음 단계에서도 방황이 계속되고 때로는 부정적인 정체감을 형성하게 되기 때문이다.

자아정체감이란 자신의 위치·능력·역할 그리고 책임에 대한 의식이며 확인이다. 여러 사회생활의 장면에서 겪는 경험을 통해 자기 존재에 대한 통합적 역할을 갖는 데 성공하게 되면 올바른 정체성을 확립하게 된다.

⑥ 친밀감 대 고립감 단계(Intimacy vs. Isolation : 약 18세에서 24세경)

이 단계 이후로 에릭슨은 프로이트의 발달단계를 뛰어넘어 자신만의 독자적인 이론을 정립하고 있다. 이 시기는 사춘기를 지나 초기 성인기로 접어드는 시기로, 자신의 정체감을 타인의 정체감과 결탁하려고 애쓰는 때이다.

친밀감이란 사람들과 사회생활을 통해 가까워지면서 자기 자신을 상실할 것 같은 두려움을 느끼지 않으면서 좋은 인간관계를 유지해 나가는 것을 말한다. 이러한 친밀감은 올바른 자아정체가 형성된 다음에 경험할 수 있는 것이고, 친밀한 관계 형성은 각자가 자신이 가치 있고 의미 있는 존재라고 생각될 때에만 가능하다고 한다. 이 단계에서 나타나는 부정적인 모습으로 고립감은 자신의 자아가 상실되거나 타인의 자아가 위험스럽게 느껴지기 때문에 접촉을 두려워함으로써 생긴다. 이 시기에 개방성과 상호성이 없다면 자연히 닫힌 정체성에 의한 소외감을 형성되게 되는 것이다.

⑦ 생산성 대 침체성 단계(Generativity vs. Stagnation : 약 24세에서 54세경)

이 시기는 성인기로서 이전까지의 단계가 자아정립을 위한 준비 단계였다면, 이 단계는 정립된 자아를 통해서 이웃과 세계를 위해 의미 있는 일을 실천하는 단계이다. 생산성의 우선적인 관심은 자녀를 낳고 교육시켜 다음 세대가 건전하게 발전할 수 있게 관심과 노력을 기울이는 것이다. 또한 사회적 성공과 직업생활, 가정생활, 부모–자녀 관계 등이 원만하고 긍정적일 때 생산성을 얻게 된다. 그러나 어떠한 이유에서이건 생산성을 제대로 발휘하지 못하게 되면 침체감을 형성하게 된다. 이 경우에는 타인들에 대한 관심보다는 자신의 욕구에 더 치중하는 경향을 보이며, 타인에 대한 관대함이 결여된다.

⑧ 통정성 대 절망감 단계(Integrity vs. Despair : 54세 이후)

마지막 단계인 노년기는 신체적인 노쇠와 직업으로부터 은퇴, 친한 친구나 배우자의 죽음 등으로 인하여 인생에 대한 무력감과 고독감을 느끼게 되는 경우가 많다. 이 시기의 성패는 신체적·사회적 퇴보를 어떻게 수용하는가에 달려 있다. 노년기에 들어 자신의 삶을 되돌아보며, 그간의 삶이 진정한 가치가 있었는가를 재고해 볼 때, 자신의 삶이 무의미한 것으로 판단될 때 절망감을 갖게 되는 것이다.

3. 행동주의 이론

20세기 초 정신분석 이론과 거의 비슷한 시기에 행동주의 이론이 대두되기 시작하였다. 행동주의 이론은 1910년경 왓슨의 이론을 중심으로 스키너, 반두라 등으로 이어지는 일련의 이론 체계이며, 영유아의 학습은 외부 환경의 자극과 반응의 연합에 의해 이루어진다고 설명하는 학습이론이다. 이들에 의하면 발달은 환경에 의해 학습되고 관찰 가능한 것이며, 학습은 학습 주체자의 목적이나 심리적 필요에 기인하는 것이 아니라 생리적인 충동이나 기계적인 통제에 의해 이루어진다고 본다. 그리고 아동은 계속적인 반복, 연습 및 모방을 통해 학습자에게 강화나 보상을 줄 때 보다 잘 학습하게 된다는 것이다. 실제로 이와 같은 행동주의 이론은 1960년대 저소득층 유아를 위한 유아교육 프로그램 개발에 활발히 적용되었다.

1) 파블로프(Ivan P. Pavlov, 1849~1936)의 고전적 조건형성

파블로프는 러시아 랴잔에서 출생하였고, 1879년 상트페테르부르크 대학 의학아카데미를 졸업하고, 육군 군의학교의 내과 연구실에서 심장의 신경지배를 주로 연구하였다. 1890년 약리학 교수가 되었으며, 1891년 실험 의학 연구소의 생리학 주임이 되었다. 여기에서 소화샘의 실험 생리학적 연구를 15년간 지속하는 가운데 소화액의 분비 메커니즘을 실험적으로 밝혔으며 그는 일련의 신경지배 연구의 업적을 인정받아 1904년 노벨생리·의학상을 수상하였다.

이 소화샘을 연구하는 사이에, 침은 단지 음식을 먹거나 시큼한 것을 입에 넣었을 때에만 분비되는 것이 아니라, 실험용의 개가 주인의 발자국 소리만 들어도 침을 분비하는 것을 발견하고, 그것은 대뇌의 작용에 의한 것임을 통찰하였다. 이것이 바로 '조건반사'로서 뇌의 작용에 대해서도 자연과학의 방법으로 연구할 수 있음을 제시해 준 것이다.

음식이라는 무조건적인 자극(UCS : Unconditioned Stimulus)은 항상 무조건적인 반응(UCR : Unconditioned Response)인 침 분비를 이끌어 낸다. 그러나 음식을 제공할 때 동반되는 주인의 발소리인 조건적 자극(CS : Conditioned Stimulus)이 개에게 음식을 제공할 때마다 동반되고 반복적으로 시행된다면, 개는 음식 없이도 주인의 발소리만을 듣고도 침 분비를 하게 된다. 이때의 침 분비는 조건적 반응(CR : Conditioned Response)이 되는 것이다.

즉, 파블로프의 고전적 조건형성은 일정한 자극에 의해서 선천적으로 유발되는 반응을 처음에는 그것과 아무 관계가 없는 중립자극(예 주인의 발소리)과 연합시킴으로써 그 중립자극이 선천적 반응을 유발시키게 됨을 말한다.

학습된 행동은 또한 학습 원리에 의해 소거될 수 있으며, 인간이 어떤 행동을 계속 유지하느냐 그렇지 않느냐는 그 행동이 강화를 받고 있느냐 그렇지 않느냐에 따라 결정된다. 즉, 전통적으로 이 이론은 자극과 반응, 반응과 반응결과의 상호관계에 의해 인간의 행동을 설명하고자 한다.

2) 스키너(B. F. Skinner, 1904~1990)의 조작적 조건형성

스키너는 미국의 심리학자로 펜실베이니아 주 서스키해너 출생이다. 해밀턴 대학과 하버드 대학을 졸업하고 1948년부터 1974년까지 하버드 대학 교수였으며, 그 후 명예교수로 있었다. 스키너는 유기체 스스로가 임의로 자작하는 행동을 통해 이루어지는 조건형성에 대한 연구에 관심을 두었다. 즉, 스키너는 파블로프의 조건형성을 반응적 행동으로 보고 자동적으로 유발되는 반응이 아닌 조작적 행동을 유발시키는 데 관심을 두었다.

고전적 조건형성 이론과 조작적 조건형성 이론의 가장 큰 차이점은 고전적 조건형성에서는 자극이 반응에 선행하였으나, 조작적 조건형성에서는 반응이 자극에 선행한다는 것이다.

스키너에 의하면 행동은 외부와의 교섭이며, 수동적으로 외부로부터의 자극에 의해 일어나는 반응적 행동(respondent behavior)과 능동적으로 내부에서 일어나는 자발적 행동(operant behavior)이 있는데, 학습된 행동은 대부분 자발적 행동이라고 하였다. 개에게 먹이를 보이면서 '앉아'라고 말하면 여러 가지 반응을 보이는데, 이 중 앉는 반응을 보일 때에 한하여 먹이를 주는 것을 반복하면, 다음에는 '앉아'라는 말만으로도 앉게 된다. 이렇게 훈련에서는 중성자극인 '앉아라'와 강화(먹이)가 미리 정하여져 제시되는 것이 아니라 중성자극에 대하여 특정한 앉는 반응이 나타날 때에만 강화를 준 결과, 자극과 반응의 결과가 강해진다. 이 절차를 조건자극과 무조건자극과의 관계가 미리 정해져 있는 고전적 조건부여와 구별하여 조작적 조건부여라 한다.

또한 강화이론은 유쾌한 자극을 주면 그 자극과 관련된 반응이 빈번해지고, 불쾌한 자극을 주면 관련된 반응이 감소하거나 소멸하게 된다는 이론이다. 즉, 반응과 관련된 유쾌하거나 불쾌한 자극이 곧 강화이다. 인간의 행동발달이나 학습활동을 설명하는 행동주의 이론과 자극-반응이론의 핵심을 이루는 개념이다. 정적강화는 반응 후에 유쾌하거나 바람직한 긍정적인 자극을 주는 것으로, 지렛대를 누른 쥐에게 먹이가 제공되는 것, 열심히 공부한 학생이 상을 받는 것 등이 그 예이다. 부적강화는 적절한 반응을 했을 때 혐오 자극을 없애주어 그 반응이 다시 발생할 확률을 높여주는 강화이다. 예를 들어, 평소 숙제를 잘 안 해서 청소하는 벌을 많이 받던 학생이 숙제를 잘 해온 경우 청소 벌칙을 없애주거나 그 학생이 싫어하는 다른 벌을 없애줌으로써 숙제를 잘하는 바람직한 행동의 확률을 높이고자 하는 강화이다. 따라서 부적강화와 처벌은 다른 개념이다.

스키너의 이론은 고전적 조건형성의 이론과 함께 인간을 너무 기계론적으로 보고 있다는 비판의 소리가 높다. 또한 인간의 행동은 외적 강화에 의해서만 유발되는 것이 아니라, 내적 강화에 의해서도 유발될 수 있음을 비판한다. 이러한 입장에 대해 행동주의 이론가 중 외적 강화 없이도 학습이 일어날 수 있다는 이론을 주장한 반두라의 관찰-학습이론을 살펴보고자 한다.

3) 반두라(A. Bandura, 1925~2021)의 사회학습

반두라는 캐나다 앨버타 지방 출신으로, 1952년 아이오와 대학에서 심리학으로 박사학위를 받았으며 스탠포드 대학에 교수로 재직하였다. 사회학습 이론의 주요 인물이며, 행동 수정의 개척자 중 한 사람이다.

반두라는 기본적으로 행동주의의 조건이론을 수용하면서도 아동들이 새로운 반응을 어떻게 획득하게 되는지에 대해서는 다른 주장을 하였다. 인간의 행동은 반드시 보상이나 처벌에 의해 이루어지는 것은 아니며, 그보다는 다른 사람의 행동을 관찰하고 모방함으로써 이루어질 수 있다고 하였다. 모방의 과정은 외적인 강화 없이도 일어나며, 모방행동 그 자체가 보상이 되기도 한다. 실제로 자극, 강화에 의한 학습보다 관찰과 모방에 의한 학습이 더 많이 일어난다고 보았다.

관찰학습의 단계는 첫째, 주의집중단계로 모델로부터 무엇을 학습하기 전에 모델에 주의를 집중하는 것으로, 어떤 모델에 주의를 집중할 확률은 자신의 의존성·자존심·능력에 대한 지각 등에 영향을 받게 된다.

둘째, 파지단계로 관찰에서 얻은 정보가 유용하기 위해서는 모델의 행동에 주의함과 동시에 그 행동의 사실적·분석적 표상이 형성되어야 한다.

셋째, 재생단계로 모방하려는 행동을 잘 파지하는 것만으로는 모방이 일어날 수 없으며 그것을 실제 실행에 옮겨봄으로써 학습의 효과를 높일 수가 있다. 비록 적절한 반응을 하는 데 필요한 신체적 도구를 모두 갖추고 있다고 하더라도 관찰자 행동이 모델의 행동과 부합할 수 있기 위해서는 재생단계에서 일정 기간의 인지적 시연(cognition rehearsal)이 필요하다.

넷째, 동기화단계로 강화를 통해서 행동의 동기를 높여주는 단계이다. 즉, 관찰을 통해서 학습된 행동은 그 행동이 강화를 받을 때에는 지속적으로 일어날 것이나 만일 그 행동이 벌을 받게 된다면 그 행동은 더 이상 일어나지 않게 되는 것이다.

반두라의 이론이 영유아 발달에 시사하는 점은, 모델은 아동이 만족을 지연하고 유혹을 물리치고 어떤 유형의 도덕적 사고를 하는 정도를 바꾸게 할 수도 있는데 이러한 행동들은 모두 사회화 과정에서 중요한 측면들이라는 것이다.

4. 인지발달 이론

인지란 어떤 대상을 느낌으로 알거나 이를 분별하고 판단하는 의식적 작용으로, 지각·재인·상상·추론 등을 포함하여 지식을 구성하는 모든 의식적 과정을 포함하는 개념이다. 따라서 인지발달 이론은 이러한 인간의 지적 발달을 규명하기 위하여 아동의 사고기능을 연구하며, 이 이론에서는 아동의 지적 성장은 성숙요인과 환경요인의 상호작용의 결과라고 가정한다.

인지발달론자들은 인간을 능동적인 정보처리자로 간주한다. 즉, 인간은 자극을 단순히 수동적으로 지각하기보다는 들어온 정보를 능동적으로 처리하고 그것을 새로운 상태로 변형시키기도 하는 존재인 것이다. 인지발달 이론은 자극–반응 관점에서의 인간에 대한 기계적이고 경직된 사고에 대한 반발로 발전한 이론이며, 인간의 행동을 단순히 자극과 반응이라는 용어로만 설명하는 것은 아주 단순한 형태의 인간 행동을 연구하는 데는 적합할지 모르나 인간의 다른 흥미롭고 복잡한 기능들을 간과할 수 있다고 지적하였다.

인지발달 이론에서는 아동을 독특한 인지구조를 지닌 전인적 존재로서 보고 있으며, 아동의 발달도 예측 가능한 불변적인 순서에 따라 점진적으로 진행하는 과정이라고 규정하고 있다. 이 이론의 대표적인 사람으로 헌트, 블룸, 피아제 등을 들 수 있다.

1) 피아제(Jean Piaget, 1896~1980)

피아제는 스위스의 뇌샤텔 출신으로 제네바와 로잔 대학의 교수를 역임하였다. 그가 11살 때 알비노라는 참새의 서식을 관찰하고 글을 써서 뇌샤텔의 박물관 학술지에 기고했다는 사실은 유명한 일화이며, 그는 어린 시절부터 자연 현상에 남다른 관심을 가지고 자연 속에 서식하는 새, 물고기 등의 행동을 즐거이 관찰하곤 했는데 어린 시절부터 생물학에 비범한 재능을 보인 그는 나이 21살인 1918년에 생물학으로 박사학위를 받았다.

그 후 피아제는 스승인 사무엘 코넛(Samuel Cornut)에 의해 철학을 접하게 되면서 인식론적인 의문인 '지식이란 무엇인가?', '그리고 그 지식은 어떻게 획득되는가?'에 관심을 갖게 되었고 오늘날의 인지발달 이론을 펼치게 된다. 1920년대 초반 피아제는 파리에 있는 사이먼(Simon)과 함께 지능 문제에 관하여 연구하게 되는데, 연구 과제는 표준화 추리검사를 개발하는 것이었다. 이 검사는 모든 아동에게 동일한 문항을 주어 아동이 반응하도록 검사하는 것인데, 여기에서 피아제는 중요한 사실을 발견하게 된다. 아동의 오답이 연령에 따라 비슷하다는 사실이었다. 동일한 연령의 아동은 비슷하게 틀린 답을 하고 또 아동의 대답 유형도 연령에 따라 서로 다르다는 것을 알게 되었다. 따라서 그는 나이 든 아동이 어린 아동보다 단지 영리한 것이 아니라 이들 사고의 질이 서로 다르다는 결론을 내리게 되었다. 이후 지속적으로 피아제는 아동의 사고구조를 연구하는 데 비구조화된 임상적 방법이 효과적임을 연구하였다.

(1) 피아제 이론의 기본 개념

① 지능(Intelligence)

피아제의 인지발달 이론이 지능 연구에서부터 시작되었음을 앞에서 지적하였다. 피아제가 지능 연구를 수행하던 1920년대에는 지능에 관한 체계화된 이론을 찾기 어려웠다. 그 시대의 많은 학자들이 지능을 비교적 고정된 것으로, 그리고 막연하게나마 개인의 능동적인 조작의 체제로 정의하고 있었다.

피아제의 주된 관심은 지능을 정의하는 데 있지 않았으며 지능의 구성과정을 탐색하는 데 있었다. 피아제에 의하면 지능은 개인이 그의 환경과 효과적으로 상호작용하는 과정을 의미하고, 생물학적 적응 중 하나의 특수한 예이다. 다시 말하여 지능이란 유기체의 정신적 활동과 환경 간의 균형 상태를 말하고, 외부로부터 주어지는 것이 아닌 아동 자신의 활동에 의해 발견되고 구성되는 조작의 체제인 것이다.

② 도식(Scheme)

도식이란 보고, 듣고, 냄새 맡고, 느끼는 것들을 이해하는 데 사용되는 정보 구성의 양식이다. 즉, 다시 말해 유기체가 가지고 있는 '이해의 틀'을 말하며 도식은 유기체가 가지고 태어나기보다는 환경과의 접촉을 통해서 반복적으로 얻게 되는 경험과 행동에서 형성되는 것이다. 예를 들어, 아기가 날 때부터 갖고 태어나는 빨기 반사(sucking reflex)는 아기가 빠는 행위를 반복하는 가운데 빨기 도식을 형성하게 되는 것이다. 이러한 도식에는 자극에 대하여 거의 반사적으로 반응하는 감각운동적 도식과 이 감각운동적 도식을 내재화하여 내면적으로 진행시키는 인지적 도식이 있다. 다양하게 형성된 도식들은 반복되는 행동을 통해서 점차 분화되고 또 통합되어 수많은 도식과 복합적인 고차원의 도식을 획득한다(서봉연·이순형, 1988).

③ 동화(Assimilation)와 조절(Accommodation)

다른 생물학적 적응 형태와 마찬가지로 지능도 항상 동시적이면서 상호보완적인 측면을 보여주는데, 피아제는 이를 동화와 조절이라고 하였다. 동화란 새로운 정보가 들어올 때 이를 현존하는 도식이 잘 받아들여 새롭게 융화해 가는 과정을 말한다. 예를 들어, 쌀을 곱게 갈기 위해 방앗간의 기계에 쌀을 넣고 전기스위치를 꽂아 기계를 돌린다고 가정해 보자. 아무런 잡음이 나지 않으며 기계는 잘 돌아가서 쌀을 곱게 가루로 만들 것이다. 이와 같이 새로운 정보가 들어올 때 기존의 도식이 무리 없이 받아들여 새로운 개념의 인지를 형성해 나갈 때 동화라 할 수 있다.

이에 반해 조절이란 새로운 정보가 현존하는 도식에 잘 융합되지 못할 때 발생하는 것으로, 아동은 자신이 가지고 있는 현재의 도식을 수정해서 새로운 정보를 현존하는 도식과 융합시켜야 하는데 이를 조절이라고 한다. 예를 들어, 네 발 달린 동물은 모두 개라는 인식을 가지고 있는 아동이 네 발이면서 머리에 뿔이 있는 짐승의 정보를 보았을 때 순간 당황하나, 기본적으로 자신이 가지고 있는 도식, 즉 네 발 달린 동물은 모두 개라는 도식을 수정할 수밖에 없게 된다. 이러한 과정을 조절이라 한다. 동화와 조절이 개인의 정신적 활동과 환경 간에 균형을 이루는 상태를 평형화(equilibrium)라 한다.

(2) 인지발달 이론

피아제가 주로 관심을 가졌던 부분은 아동들의 감각·지각 능력과 사고·추리력, 그리고 지능 및 문제해결능력과 같은 인지능력의 발달이었다. 인지능력의 발달은 아동과 그를 둘러싼 환경과의 상호작용에 의해 단계적으로 성취되며, 발달단계의 순서는 불변한다고 하였다.

① 감각운동기(Sensori Motor Period : 출생에서 약 2세경까지)

이 시기의 영아는 새로운 정보를 얻기 위해 자신의 감각을 사용하고 새로운 경험을 찾기 위해 운동능력을 사용하고자 애쓴다. 이 시기의 주요 발달과업으로는 주변의 여러 대상물로부터 자신을 분리시키기, 빛과 소리 자극에 반응하기, 흥미 있는 일을 계속하기, 조작을 통한 물체의 속성 알기, 대상영속성의 개념 획득하기 등을 들 수 있다. 피아제는 감각운동기를 다시 6가지 소단계로 구분하여 설명하였다.

㉠ 1단계(출생~1개월) : 반사행동의 사용

이 시기의 영아의 활동은 주로 빨기, 울기, 쥐기, 미발달된 운동과 같은 반사활동으로 이루어진다. 즉, 이 시기 신생아는 완전히 무기력한 생명체가 아니라, 유전에 의해 받은 어떤 능력을 가지고 태어난다.

㉡ 2단계(1~4개월) : 1차 순환 반응

우연한 행동은 어떤 흥미로운 결과를 낳게 되고, 이는 즉시 효과적인 다음의 행동을 하도록 자극한다. 예를 들어, 우연히 빨게 된 엄지손가락을 계속적으로 빨기 위해 노력한다든지, 우유병을 보면 우유를 먹을 것이라고 예측하는 초보적 예측 행동도 가능해진다.

㉢ 3단계(4~8개월) : 2차 순환 반응

이 시기의 영아는 외부 환경에서 우연히 발견한 흥미로운 사건을 재생하는 새 도식을 발전시키는 능력을 보인다. 또한 인과관계의 법칙을 발견하기 시작하는데, 딸랑이를 흔들면 소리가 난다는 사실을 알게 되는 것 등이 그 예이다. 모방행동이 차츰 체계화되어 가며, 상호모방도 가능해지는데, 예를 들어 모델이 영아의 소리를 흉내 내면 아기는 계속해서 그 소리를 모방하고 그러다가 모델이 다른 소리를 내면 영아는 행동을 멈춘다.

㉣ 4단계(8~12개월) : 2차 도식의 협응

영아의 행동은 훨씬 더 의도적·목적적이 된다. 이 시기의 가장 중요한 특징은 대상영속성 개념의 획득이다. 딸랑이를 보고 잡는 것과 같이 전에 학습된 도식을 통합하고, 기어가서 갖고 싶은 장난감을 갖게 되는 것 등 전에 배운 행동을 이용해 목표를 달성함으로써 점점 대상영속성이 발달된다. 그러나 아직은 그 대상을 옮기는 것을 영아가 보았다 하더라도 그 대상이 숨겨진 최초의 장소에서 그 대상을 찾으려 한다.

ⓜ 5단계(12~18개월) : 3차 순환 반응

인과관계의 조직이 가능하고, 활발하게 주변 환경을 탐구한다. 그리고 문제를 해결하는 데 있어 새로운 행동을 시도하기도 하고 시행착오를 겪기도 한다. 영아의 눈에 보이는 상태에서 이동시켜 숨긴 대상은 찾을 수 있으나 아직 추측하여 보이지 않는 상태에서 이동한 대상은 찾지 못한다. 전에 늘 가지고 놀던 인형, 공, 블록 등의 장난감을 다른 방법으로 사용하기 시작하고, 남의 흉내를 내기 시작한다.

ⓑ 6단계(18~24개월) : 사고의 시작

이 시기는 진정한 의미의 기억과 사고가 시작되는 시기이며, 현존하지 않는 사람이나 대상에 대해 정신적 이미지를 형성하기 시작하는 시기이다. 점점 통찰력을 보여주기 시작하며 시행착오도 덜 겪고, 대상영속성이 완전히 발달하게 된다.

② **전조작기**(Preoperational Period : 2세에서부터 약 6, 7세경까지)

이 시기의 유아는 정신적 표상에 의한 사고가 가능하나, 아직 개념적 조작능력이 충분히 발달되지 못한 발달의 불완전한 단계이다. 아동들은 이 단계에서 감각운동이 더욱 정교하게 발달된다. 언어의 발달이 급속히 이루어지고 사물이나 사건을 내재화할 수 있는 능력이 생기며, 보이지 않는 것을 기억하는 표상능력이 생기고, 상징적으로 사고하는 능력이 발달한다. 전조작기의 여러 특성을 요약하면 다음과 같다.

㉠ 자기중심적 사고

이 시기의 자기중심적 사고란 성인의 이기주의와는 완전히 다른 개념으로, 유아들이 자신의 관점과 다른 사람의 관점이 다를 수 있다는 것을 아직 완전히 깨닫지 못함으로써 생기는 사고의 형태이다. 특히 전조작기 초·중기의 유아들이 부모님의 생일선물로 자신들이 좋아하는 장난감 자동차나 인형을 고르는 것 등에서 그 예를 찾아볼 수 있다.

유아기에는 특히 공간조망에서 많은 어려움을 나타낸다. 피아제는 유아에게 세 개의 산의 배치도를 보이고, 다른 위치에 앉아 있는 인형이 자신이 보는 것과 같은 것을 보고 있는지를 물어보았다. 그 결과 이 시기의 유아는 자신이 보는 것과 인형이 보는 것이 다르다는 것을 이해하지 못했다. 인형도 자신이 보는 대로 같은 산을 보고 있다고 생각하였다.

㉡ 물활론적 사고

물활론적 사고란 물체나 현상이 살아 움직인다고 생각하는 사고이다. 이 시기의 유아들은 생물과 무생물 간의 완전한 구분이 어려운 상태이며, 이로 인해 생명이 없는 개체에 생명을 부여하는 물활론적 사고를 보여준다.

㉢ 직관적 사고

이 시기의 유아들의 유추와 판단은 눈에 보이는 가시적인 조건에 의존하여 이루어지며 내재적인 조건이나 객관적 판단에 의존하지 못하는데 이를 직관적 사고라고 한다. 피아제는 유아들의 이러한 사고를 양과 수에 대한 보존개념의 실험으로 설명하였다. 보존개념이란 사물은 모양이 변하거나 여러 부분으로 나누어져도 그 양이나 수가 변하지 않는다는 개념이다.

㉣ 꿈의 실재론

자신이 꾼 꿈이 실제로 일어났을 뿐만 아니라 실재라고 생각하는 사고이다. 유아들은 자신의 꿈이 남에게도 보이며, 또한 꿈을 꾸고 있는 동안 꿈이 자기 주위에 그대로 남아 있다고 생각한다.

㉤ 상징적 사고

이 시기의 유아들은 과거에 체험한 것을 마음속에서 재생해서 그것을 상징적인 형태로 재현하고자 한다. 인형에게 우유를 먹이고 막대기로 총놀이를 하는 활동들이 상징적 놀이의 예이며, 정신적인 표상능력을 나타내는 것이다. 예를 들면, 정신적인 표상인 베개를 아기로, 막대기를 총으로서 상징화하는 행동들이다.

③ **구체적 조작기**(Concrete Operational Period : 7세에서부터 약 11세경까지)

구체적 조작기에 접어들면 아동의 사고는 급격한 진전을 보이게 된다. 구체적인 문제에 대한 논리적 사고가 가능해지고, 특정 사실에 따라 사물을 분류할 수 있게 된다. 이 시기에는 양, 무게, 부피의 보존개념이 확실하게 획득되며, 전조작기의 자기중심적 사고는 이 시기에 와서 탈중심적 사고로 바뀌게 되어 자신의 관점과 다른 타인의 관점을 이해할 수 있는 인지의 발달을 보인다.

이 시기에는 사물을 크기, 무게, 길이, 밝기 등과 같은 여러 특성들에 따라 정신적으로 계열화할 수 있는 서열화(seriation)의 개념뿐만 아니라, 대상과 대상 간 공통점과 차이점 및 관련성을 이해할 수 있는 유목화의 개념도 획득된다.

④ **형식적 조작기**(Formal Operational Period : 11세에서부터 약 15세경까지)

형식적 조작기의 가장 큰 특성은 추상적인 사고가 가능하다는 것이다. 추상적인 사고란 융통성 있는 사고, 효율적인 사고, 복잡한 추리, 가설을 세우고 체계적으로 검증하는 일, 직면한 문제 상황에서 해결 가능한 모든 대안들을 종합적으로 검토해 보는 사고를 의미한다.

이 시기가 되면 청소년들은 도덕적·정치적·철학적인 생각과 가치 문제를 고민하게 되며, 타인의 사고과정을 이해하고, 다른 사람들은 문제를 어떻게 보고, 어떻게 생각할까 관심을 갖게 된다.

피아제는 이미 완성된 지식보다는 그런 지식을 비판적으로 검토하고 또한 스스로 생산할 수 있는 개인 내적인 구조와 기능을 중시하였다. 또한 그는 철저한 작업습관, 창조적인 기질, 인품, 정서적 안정 등이 지능이나 상상력과 마찬가지로 지적인 가치를 가진다고 보았다.

또한 교육이란 학습자가 지닌 미성숙을 전제로 성립하며, 그들이 가진 어떤 단계의 지적 구조는 성인의 관점에서 볼 때 몹시 불완전한 것이지만, 그들의 발달단계에 비추어 볼 때는 자연스러운 것이라 강조했다.

오늘날 피아제의 인지발달에 관한 이론은 매우 영향력 있는 것임에도 불구하고 방법론적 측면에서 비판을 받고 있다. 그 이유는 첫째, 그의 인지발달에 대한 연구방법이 매우 광범위함에도 불구하고 면담 동안에 질문을 바꾸는 등의 일관성 없는 방법을 사용하여 면담의 기본 규칙을 위배하였다는 것이다.

둘째, 초기의 관찰이 그의 세 자녀의 관찰 결과에 의해 얻어졌기 때문에 그의 자료수집 과정에 대해 잘 알지 못하는 일부 사람들은 피아제가 표집의 크기 및 자료의 통계적 분석 방법을 소홀히 하였다고 비판한다.

그러나 이러한 비난에도 불구하고 피아제의 연구는 아동의 논리성 발달을 설명하는 데 있어서 매우 정교하고 통찰력이 있기 때문에 아동에 대한 이해를 풍부하게 해주었다.

2) 비고츠키(Lev Semenovich Vygotsky, 1896~1934)

비고츠키는 백러시아의 오르샤(Orsha)라는 도시에서 은행지점장인 엄격한 아버지와 교사교육을 받은 온화한 성품의 어머니 사이에서 여덟 형제 중 둘째로 태어났다. 그의 가정에서는 부모와 늘 활기찬 토론이 있었으므로 어렸을 때부터 다양한 경험을 통해 사고력을 키울 수 있는 환경이었다. 모스크바 대학에서 법률을, 산야프스키 대학에서 역사, 철학, 예술, 문학, 심리학을 공부하였고 1971년에 귀향하여 다양한 연구를 진행하고 실험실을 조직하였으며 180여 편의 논문과 책을 저술하였다.

비고츠키는 학습이 발달을 주도하고 학습 행위가 자연적인 발달을 성숙시키거나 지체시킬 수 있는 핵심 요인으로 보았다. 특히 인간의 인지·정신적 발달에서 언어의 역할에 대해 깊이 연구하였고, 특히 사회적 언어를 획득하는 것이 인간의 학습과 발달 사이에 중요한 역할을 한다고 주장하였다. 또한 문화적 경험에서 기인하는 기호를 매개로 하는 상징적 인지 과정을 중요한 사고의 발달로 보았다.

(1) 지식의 내면화

인류의 역사가 흘러감에 따라 생겨나고 변형된 사회적 지식이 개인의 밖에 존재하고 있다가 개인 내면 또는 개인 간의 상호작용을 통해 의식으로의 전환, 즉 재구성의 과정을 거친다. 이를 통해 사회적 지식을 내면화하는 과정에서 적극적으로 개입되는 유능한 타인에 의해 발달이 추진을 받으며 내부에서 자생적으로 생성되는 것이 아니라 항상 사회적으로 경험하는 것을 내면화하는 과정에서 지식이 생긴다. 그 지식을 내면화하면서 그 중심에 언어를 이용하며 능동적으로 그 역할을 수행한다. 학습자가 스스로 학습하지 않는다면 발달은 지연되며 학습자는 학습의 과정에서 다분히 주체적이고 중심적인 역할을 할 수 없게 된다.

(2) 언어와 사고

언어와 사고 간의 상호작용 및 관계의 발달적 변화를 경험한다. 유아가 2세 전후가 되면 축적된 언어발달과 사고의 영역은 다양한 경험을 통해 서로 접촉하여 만나게 되고, 이후 지속적으로 언어와 사고의 발달 곡선은 끊임없이 교차하고 또 재교차하며 만나게 된다.

비고츠키가 제시하는 언어발달 1단계는 원시·자연적 단계로 이 시기에는 비지시적 언어 또는 비언어적 사고의 시기라고 한다. 출생부터 약 2세까지의 시기로 언어가 의식적인 사고와 결합되기 이전의 단계로 불린다. 2단계는 순수 심리적 언어 단계로 언어의 상징기능을 갖는다는 사실을 발견하게 된다. 사물의 명칭에 대해 스스로 알려고 노력하고, 접속사나 의문사 등과 같은 말을 사용하며 상당한 수준의 어휘력으로 향상한다. 언어와 사고의 발달곡선이 2세를 전후로 만나고 비고츠키는 이 시기를 결정적 시기로 명명하였다. 3단계에는 유아가 주변에서 경험하는 사물과 관련된 언어를 사용하며 셈할 때 손가락을 사용하는 등 외적 조작을 사용하여 문제를 해결해 가는 양상을 보인다. 이 시기에는 자기중심적인 언어, 예를 들면 혼자 중얼거리기, 독백하기 등을 사용하는데 이는 외적인 경험이 자기중심적인 언어를 거치면서 내면화되는 언어의 과정을 거친다고 보았다. 4단계는 자신의 내면에서 언어를 다루는 단계로 암산을 하는 등의 개념적, 언어적 사고를 위해 내적 언어와 외적 언어를 모두 사용한다.

언어와 사고는 서로 관련성 없이 개별적으로 발달이 시작되나 유아가 성장하면서 언어와 사고의 영역은 서로 접촉하고, 사고는 말로 표현이 되고 언어는 사고의 과정을 거쳐 논리적으로 발달한다.

(3) 근접발달영역(ZPD : Zone of Proximal Development)

근접발달영역은 유아가 독립적으로 문제를 해결하는 실제적 발달수준과 좀 더 지식이 풍부한 성인이나 보다 능력 있는 또래의 도움을 받아 성취할 수 있는 잠재적 발달수준 사이의 거리로 정의한다(Vygotsky, 1978). 근접발달영역은 아동의 현재 상태뿐 아니라 발달의 과정 중에 있는 것, 역동적인 미래의 발달 상태도 예측할 수 있게 한다.

근접발달영역을 통한 발달과정은 다음의 네 단계를 거친다. 첫 번째 단계는 자신보다 유능한 어른이나 동료의 도움을 받아 과제를 수행하는 단계이다. 유아 스스로 과제에 대한 이해가 거의 없는 상태에서 시작해서 주변인의 도움을 받아 과제를 수행하게 되는데 모방이나 지시에 의해 학습하게 된다. 두 번째 단계는 자기 스스로 과제를 수행하는 단계이며 자기중심적인 방법으로 수행하게 된다. 세 번째 단계는 과제를 수행하는 능력에 많은 발달이 이루어져 자동화가 일어난다. 근접발달지대를 뛰어넘어 과제를 수행하게 되며 다른 외부인의 도움 없이 스스로 과제를 완전하게 수행해 낼 수 있는 단계로 '발달의 열매'를 맺는 시기이다. 마지막 단계는 과제 수행이 근접발달의 순환 과정을 거치는 시기로, 유아가 과제 수행을 위한 지식적, 전략적 경험이 풍부한 상태이므로 유아 스스로 과제를 해결할 수 있게 되며, 과제를 진행하다가 어려움에 봉착하면 더 능력 있는 타인의 도움을 요청할 수 있다. 자신에 대한 스스로의 평가가 가능하며 더 높은 수준으로 나아갈 수 있는 인지적 자원이 풍부한 단계이다.

5. 경험주의 이론

인간은 끊임없이 주변 환경과 상호작용하면서 지속적으로 자신의 경험을 재구성하고, 지식을 축적하며, 행동양식과 사고의 과정을 변화시킨다. 개인은 사회의 일원으로서 공동의 목적을 가지며, 이를 성취하기 위해 상호작용을 통해 서로의 관점과 행동양식 등을 조정해 나간다. 개인의 경험에 의해 해석된 지식은 서로 유사한 형태와 모양으로 조정·발전하게 된다. 이러한 상호 조정의 과정이 배움의 과정이며 진리에 접근하는 과정이다.

1) 듀이(John Dewey, 1859~1952)

존 듀이(John Dewey)는 미국의 버몬트 주에서 태어난 미국의 철학자, 심리학자이자 교육개혁가였다. 버몬트 대학에서 다윈의 진화론과 콩트의 실증주의를 공부하였고, 존스홉킨스 철학대학원에서 헤겔 철학을 공부하고 실용주의 학문을 연구하였다. 그는 교육이란 미래 생활에 대한 준비가 아닌 현실의 생생한 삶이며 생활을 통해 일어나는 연속적인 상호작용으로 인해 학습자가 성장하는 것이라고 정의하였다. 사회적 환경 속에서 경험하는 학습인 습관을 형성하는 것의 중요성에 대해 강조하였다. 그러므로 유아가 성장하도록 지도하는 것이 교육이라고 정의하였다. 학습상황에서 유아의 자유와 선택권이 우선시되어야 하며 유아가 교육을 통해 경험을 확대하고 흥미를 유발하도록 교사의 역할을 제안하였다.

(1) 상호작용의 원리

유아가 사회 또는 세계 속에서 존재하는 것은 연속되는 다양한 상황 속에서 살고 있음을 의미하며 유아와 타인, 유아와 사물 또는 유아와 상황 간의 상호작용이 계속적으로 진행되고 있다는 것을 의미한다. 그러므로 교육자는 가장 성숙한 사회구성원으로서 유아 개개인이 가치로운 경험을 할 수 있도록 개인의 능력과 관심, 흥미를 고려하여 발달이 일어날 수 있는 적절한 환경을 마련하고 상호작용으로서의 경험을 안내하며 지도해야 한다. 경험을 통한 상호작용을 기반으로 개인의 발달의 이루어지는 것은 교육이라는 행위가 본질적으로 사회적인 과정임을 의미한다고 할 수 있다.

(2) 경험의 지속성과 습관의 형성

지식은 경험의 산물이며 유아가 접하게 되는 모든 경험은 과거의 경험에서 어떠한 영향을 받으며 이후의 경험에 영향을 미치고 변화를 가져오게 한다. 경험은 반성적 사고에 의해 획득된 결과물이고, 행위는 사고와 연결되면서 경험이 형성된다. 유아가 접하는 지식의 내용은 인류가 긴 시간 동안 경험한 내용들을 재구성한 결과물이며 이러한 생생한 직접적 경험은 유아의 인지, 사고력, 창의력을 증진시킨다. 이러한 반복적 행위를 습관이라고 정의하고 교육자는 바람직한 성장에 도움이 되는 습관을 형성할 수 있도록 유아 개개인의 상황을 살필 수 있어야 한다. 습관은 주변의 환경을 통제하여 자신의 목적에 맞게 활용할 수 있는 힘을 길러준다. 그리고 유아의 모든 학습 경험은 이후의 더 광범위한 후속의 경험을 위한 과정이어야 한다. 부모와 교사는 유아의 바람직한 습관의 형성을 위한 적절한 환경을 마련하고 유아를 환경 속에 참여시키고 안내하고 지도할 수 있어야 한다.

6. 생태학적 이론

한 인간을 온전히 이해하기 위해서는 그의 발달에 관련된 환경적 맥락을 고려해야 하며(Bronfenbrenner & Moris, 1998), 이 중 가정환경은 최초의 인간관계를 맺는 중요한 사회적 단위로서 강력한 심리적 영향을 미치는 장(場)이 된다. 인간의 관계는 가족으로부터 시작되어 가정환경 속에서 부모와 관계를 맺고 작은 사회를 경험하며 점차 성장해 나간다고 설명하였다(임희수·허계영·손병덕, 2018).

1) 브론펜브레너(Urie Bronfenbrener, 1917~2005)

생태학적 모델에서는 유아가 일생에 걸쳐 변화하는 환경에 점진적으로 적응하는 과정을 설명하고 미시체계, 중간체계, 외체계, 거시체계의 분석단위를 제시하며, 유아가 속한 사회나 집단 내에서 각 체계의 구조와 유형은 유사하게 구성되고 유사한 방식으로 기능한다고 본다. 생태학적 체계모델의 구조와 범위는 |그림 3-1|과 같다.

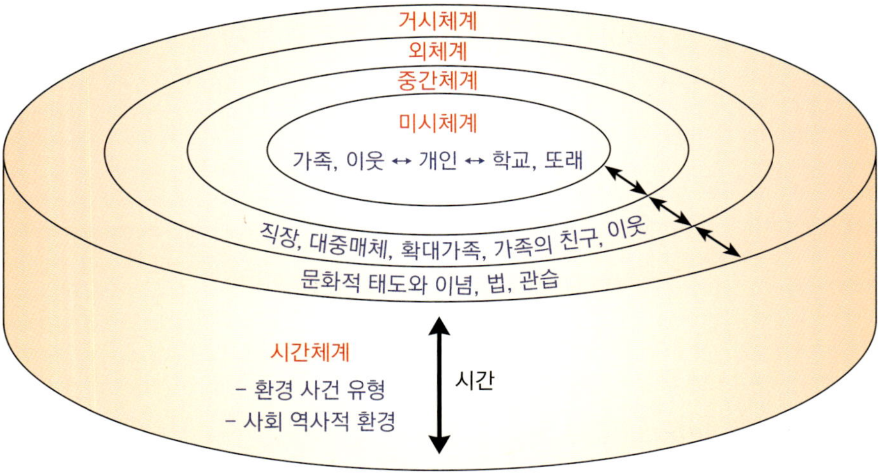

| 그림 3-1 | 브론펜브레너(Bronfenbrenner)의 생태학적 체계모델

출처 : 허창덕(2012).

미시체계(microsystem)는 유아의 첫 사회적 경험을 돕는 부모 또는 조부모와 같은 양육자, 가족, 학교나 또래 또는 이웃을 나타낸다. 미시체계에서의 상호작용은 매우 즉각적이고 직접적이므로 유아의 성장과 발달에 가장 기본이 되는 상호작용의 유형이다. 특히 유아의 부모나 주변인들은 유아에게 생존을 위한 상호작용 방법이나 사회의 적응을 위한 읽기, 쓰기, 셈하기 등과 같은 다양한 기술을 제공한다.

중간체계(mesosystem)는 개인이 능동적으로 참여하는 두 개 또는 그 이상의 시스템, 또는 시스템들 사이에 존재하는 상호관련성을 의미한다(강윤정·김갑성, 2010). 중간체계에 속하는 교육기관에서 유아를 일차적인 연결자로 부모와 교사는 상호작용을 하게 된다. 이 과정에서 유아가 새로운 시스템에 처음 발을 내딛거나 새로운 장면에 노출될 때, 이전 환경에서 함께 참여했던 주변인들을 동반하면 중간체계에 있는 시스템이 갖는 발달적 잠재력이 증진된다(Bronfenbrenner, 1979). 환경과 환경 간의 직·간접적인 연결이 상호 신뢰적이며 긍정적이고, 서로 합의된 목표를 가지고 균형 있게 조화를 이루게 되어 발달해 가는 유아에게 매우 긍정적으로 영향을 미치므로 부모와 교육기관의 관계가 긍정적이고 생산적이어야 한다.

외체계(exosystem)를 대표하는 시스템은 지역사회와 시민사회, 국가 등이며 유아는 외체계 시스템에 참여하는 비율은 낮지만 많은 영향을 받는다. 예를 들어, 유아교육기관은 「2019 개정 누리과정」으로 인해 교육활동 중심에서 놀이중심, 아동중심으로 그 내용과 체계가 변화하면서 교육과정 운영에 직접적인 영향을 받게 되었다. 이렇듯 법을 개정하거나 교육제도가 바뀌는 데 유아가 개입을 하고 있지는 않지만 교육과정을 운영할 때 직접적인 영향을 받는다.

거시체계(macrosystem)는 유아를 둘러싸고 있는 시스템 중 가장 광범위한 조직체계를 말하며 미시체계, 중간체계, 그리고 외체계를 포괄하며 문화의 신념, 가치, 태도, 관습 등이 이에 포함된다. 문화는 사회적 흐름과 관심에 따라 유지되기도 하며 사라지기도 하는 특성을 가지고 있고, 때로는 신속하게 변화해 가려는 변화의 속성을 갖기도 한다. 그러나 문화가 갖는 힘과 영향력은 시대와 장소를 초월하여 아주 강력하므로 부모와 교사는 교육과 문화, 사회가 가지는 관계를 항상 고려해야 한다(강희정, 2020).

시간체계(chronosystem)는 잉태에서 죽음에 이르기까지 유아를 둘러싸고 있는 환경으로부터 발생하는 사건이나 삶에서 겪는 의미 있는 환경을 의미하고,

유아의 미시적 환경체계에서 발생되는 시간체계는 유아의 발달에 중요한 영향을 미친다. 부모의 이혼이나 가정폭력, 이사나 전학 등이 그 예이다.

이렇듯 시스템과 시스템, 시스템과 다른 시스템의 구성원, 한 시스템 내에서의 여러 구성원들 간에 지속적으로 상호작용이 일어나고, 유아는 가정 내에서 여러 구성원들과 상호작용하며, 교육기관에서 또래나 교사 등 여러 구성원들과 상호작용한다(박선경, 2011). 이들은 서로 긴밀히 영향을 주는 속성을 가지고 있으며, 유아는 이러한 지속적인 관계 속에서 다양한 영역의 발달을 경험하게 되고 자신이 속한 사회에 대한 신뢰를 키워가게 된다.

chapter 04

교수학습에 영향을 미치는 요인

1. 개인 내적 요인

1) 성

어떤 개체의 성별은 난자와 정자가 결합하여 수정란이 되었을 때 결정된다. 사람은 X염색체가 두 개이면 여자, X염색체, Y염색체가 각각 하나씩이면 남자가 된다. 실제로 성차가 나타나는 것은 성장 도중부터이며 출생 4개월 정도에 명확한 성적 차이를 나타낸다. 이것을 제1차 성징이라고 한다.

사춘기가 되면 뇌하수체의 생식선 자극 호르몬이 정소와 난소에 작용하여 성호르몬을 분비시킨다. 정소에서는 남성호르몬, 난소에서는 여성호르몬이 분비되어 이것이 전신에 작용하여 도처에 성차를 나타낸다. 이것을 제2차 성징이라고 한다. 이때 남자는 근육과 뼈가 발달하고, 수염·흉모 등 체모가 발생하며, 변성이 일어난다. 여자는 유방의 비대, 골반의 발달, 피하지방의 증가 등이 나타난다. 제1차 성징의 형성이 없으면 제2차 성징은 나타나지 않으며, 성호르몬 분비가 없을 때는 성인에게서 볼 수 있는 성차는 나타나지 않는다.

2) 정서적 기질

정서적 기질은 쾌와 불쾌 차원의 미분화된 흥분상태를 나타내는 사회적 감정보다 더 분화된 상태로서 정서적으로 자극된 상황에 대처하기 위해서 특정한 신체적 변화와 동기화된 행동을 수반하는 것을 말한다(서봉연·이순형, 1988).

토마스와 체스(Thomas & Chess, 1977)는 정서적 기질과 환경의 상호작용의 중요성을 강조하였으며 종단연구를 통해 세 가지 유형의 기질 군락을 발견하였는데 이는 까다로운 기질, 더딘 기질, 순한 기질로서 이러한 기질의 유아는 다음과 같은 특성으로 기술할 수 있다고 한다. 까다로운 기질의 아동은 새로운 자극에 대해 부정적이며 회피적인 반응을 보이고 생리적인 주기가 불규칙한 특성을 보인다. 더딘 기질의 아동은 새로운 상황에서 처음에는 회피적인 반응을 보이다가 점차 느리게 적응하며 까다로운 기질의 특성과 유사하면서도 반응이 격렬하지 않은 차이를 보인다. 그리고 순한 기질의 아동은 행동이 규칙적이고 긍정적인 기분을 나타내며 새로운 자극에 강렬하지 않게 반응하며 쉽게 접근한다. 즐거움·신뢰감·낙천적·독립적·애정적·유머 감각 등의 요소를 가지고 있는 아동일수록 긍정적인 정서적 기질을 보여준다고 한다(천희영, 1993).

3) 지 능

지능이란 목적을 향해 행동하고, 합리적으로 사고하며, 환경을 효과적으로 다루는 개인의 총체적 능력을 말하며, 주의력·파지력·상기력·인지력·합리적 사고·추상력·일반적인 능력·조직력·추리력·일반적 지식 및 학습을 포함하는 광범위한 의미의 개념이다. 지능의 차가 개인의 발달의 차를 가져오기도 한다.

인간의 지적 능력이 어떠한 과정을 거쳐서 발달해 나가며 지적 발달에 영향을 미치는 요인이 무엇인가에 대한 연구를 종합해 보면, 크게 지능의 양적 발달에 대한 접근방법과 피아제(Piaget)를 중심으로 한 인지발달론적 접근방법의 두 가지 관점으로 분류할 수 있다(Cowan, 1978). 전자는 지적 능력이 일정한 조건 하에서 얼마만큼 존재하며 연령이라는 변인의 영향을 얼마나 또 어떻게 받느냐 하는 문제에 큰 관심을 가진다. 이와 같은 접근방법에서 주로 사용되는 도구는 지능검사이며, 지능의 측정은 표준화되어야 한다는 것이 그들의 기본 가정이다. 이에 반해 후자의 경우는 인간의 지적 구조가 연령의 증가에 따라 어떻게 변모되어 가며, 새로운 고차원적인 정신기능이 이미 형성되어 있는 정신기능을 어떻게 대체하여 나가느냐 하는 문제에 더 큰 관심을 가지고 있다. 그러므로 이 입장은 발달의 개념을 질적 변화라는 현상 속에서 탐구하고자 한다.

2. 환경적 요인

1) 가정환경

아동의 여러 가지 발달 양상은 영유아 자신의 독특한 개성을 말해주기도 하지만, 제일 먼저 가정이라는 작은 사회집단에서 태어나서 가족의 구성원이 되는 부모, 조부모, 형제자매들과의 상호 접촉을 통해 언어·습관·가치·태도·지식·기술 등을 배워온 것이므로 영유아의 발달을 연구함에 있어 가정에 관련된 다양한 요소들은 중요한 역할을 하게 된다. 또한 어릴 때 형성된 부모–자녀 관계는 최초의 대인관계인 동시에 가장 밀접한 사회관계이기 때문에 영유아의 사회 정서적 발달에 중요한 영향을 미치게 된다(Goodman, Donna & Brown, 1993). 어떠한 경우에도 근본적인 신뢰를 잃지 않고 사랑과 격려와 존경이 부부와 부모–자녀 관계에서 확인되는 건전한 가정은 영유아의 발달에도 긍정적인 영향을 주게 된다.

2) 교육환경

가정과 아울러 영유아 발달에 영향을 주는 중요한 환경으로 영유아 교육기관을 언급하지 않을 수 없다. 사회적 환경으로서 가정은 주로 비형식적인 교육적 작용을 하나 영유아 교육기관은 이와는 달리 의도적이고 계획적인 교육의 장이 된다. 즉, 영유아 교육기관은 유아의 성장과 발달을 계획적으로 도와줌으로써 아동에게 지식과 기술을 전달하며 다른 행동모델 등을 제공해 주면서 전통적인 사회에서 통용되는 가치를 더욱 강화시키는 기능을 하고 있다.

오늘날 변화되는 가족의 특성으로 핵가족화, 맞벌이 가족의 증가로 인한 돌봄 및 영유아 교육기관의 절대적 필요성에 대한 요구의 증대 등으로 유아들은 과거보다 더 어린 나이부터 형식적인 영유아 교육을 접하게 되었으며, 이제까지 가정에서 담당해 왔던 많은 사회화의 기능이 교육기관으로 점차 전환되고 있다. 이처럼 오늘날 아동들은 어떤 형태로든지 가정 밖에서 아동양육의 형태에 참여하는데 이런 어린 영유아들에게 교사는 놀이 친구로, 기관의 운영자로, 종종 이차적 양육자로의 역할을 담당한다(Eheart & Leavitt, 1989).

이러한 요인 이외에 대중매체, 도서물, 지역사회 문화적 환경 등의 다양한 요인들이 영유아 발달에 영향을 주고 있으며, 이들은 서로 상호작용하면서 복합적인 영향력을 미치게 된다.

Part 2

교육과정 속의 교수학습

chapter

05 제4차 표준보육과정 속의 교수학습

표준보육과정은 만 0~2세 영유아들에게 국가수준에서 제공하는 보편적이고 공통적인 보육의 목표와 내용을 제시한 것이다. 국가수준의 표준보육과정을 시행함으로써 영유아의 전인적 발달과 우리 문화에 적합한 내용을 일관성 있고 연계적으로 실천하며, 궁극적으로 사회에서 추구하는 인간상을 구현하고 보육의 질적 수준을 높이는 데 기여하고자 한다.

0~2세 놀이중심 보육과정에서 강조하는 것은?

놀이중심 보육과정은 영아가 중심이 되고 놀이가 살아날 수 있도록 어린이집과 교사의 자율성을 강조한다. 교사의 자율성이란 각 반의 고유한 특성이 드러나도록 영아의 놀이를 중심으로 보육과정을 운영하는 것을 의미한다. 영아는 자신에게 가장 적합한 방식으로 놀이하기 때문에 영아의 놀이는 예측하기 어려우며 교사는 영아가 놀이하며 배울 수 있도록 상황에 따라 필요한 교육적 판단을 자율적으로 할 수 있어야 한다. 따라서 교사가 미리 계획하여 하루 일과를 운영하기보다는 영아의 흥미와 관심에 따라 놀이를 충분히 즐길 수 있도록 탄력적으로 운영한다.

1. 표준보육과정의 성격

가. 국가수준의 공통성과 지역, 기관 및 개인 수준의 다양성을 동시에 추구한다.
나. 영유아의 전인적 발달과 행복을 추구한다.
다. 영유아 중심과 놀이중심을 추구한다.
라. 영유아의 자율성과 창의성 신장을 추구한다.
마. 영유아, 교사, 원장, 부모 및 지역사회가 함께 실현해 가는 것을 추구한다.

2. 표준보육과정의 편성과 운영

가. 어린이집의 운영시간에 맞추어 편성한다.
나. 표준보육과정을 바탕으로 각 기관의 실정에 적합한 계획을 수립하여 운영한다.
다. 하루 일과에서 바깥놀이를 포함하여 영유아의 놀이가 충분히 이루어지도록 편성하여 운영한다.
라. 성, 신체적 특성, 장애, 종교, 가족 및 문화적 배경 등에 따른 차별이 없도록 편성하여 운영한다.
마. 영유아의 발달과 장애 정도에 따라 조정하여 운영한다.
바. 가정과 지역사회와의 협력과 참여에 기반하여 운영한다.
사. 교사 연수를 통해 표준보육과정의 운영을 개선할 수 있도록 한다.

3. 표준보육과정의 교수학습 방법의 내용

가. 영유아의 의사표현을 존중하고 민감하게 반응한다.

나. 영유아가 흥미와 관심에 따라, 놀이에 자유롭게 참여하고 즐기도록 한다.

다. 영유아가 놀이를 통해 배우도록 한다.

라. 영유아가 다양한 놀이와 활동을 경험할 수 있도록 실내외 환경을 구성한다.

마. 영유아와 영유아, 영유아와 교사, 영유아와 환경 사이에 능동적인 상호작용이 이루어지도록 한다.

바. 각 영역의 내용이 통합적으로 영유아의 경험과 연계되도록 한다.

사. 개별 영유아의 요구에 따라 휴식과 일상생활이 원활히 이루어지도록 한다.

아. 영유아의 연령, 발달, 장애, 배경 등을 고려하여 개별 특성에 적합한 방식으로 배우도록 한다.

4. 표준보육과정의 영역별 내용범주 및 내용

1) 기본생활

내용범주	내용(0~1세)	내용(2세)
건강하게 생활하기	도움을 받아 몸을 깨끗이 한다.	자신의 몸을 깨끗이 해 본다.
	음식을 즐겁게 먹는다.	음식에 관심을 가지고 즐겁게 먹는다.
	하루 일과를 편안하게 경험한다.	하루 일과를 즐겁게 경험한다.
	배변의사를 표현한다.	건강한 배변 습관을 갖는다.
안전하게 생활하기	안전한 상황에서 놀이하고 생활한다.	일상에서 안전하게 놀이하고 생활한다.
	안전한 상황에서 교통수단을 이용해 본다.	교통수단을 안전하게 이용해 본다.
	위험하다는 말에 주의한다.	위험한 상황에 대처하는 방법을 경험한다.

2) 신체운동

내용범주	내용(0~1세)	내용(2세)
감각과 신체 인식하기	감각적 자극에 반응한다.	감각 능력을 활용한다.
	감각으로 주변을 탐색한다.	
	신체를 탐색한다.	신체를 인식하고 움직인다.
신체활동 즐기기	대소근육을 조절한다.	대소근육을 조절한다.
	기본 운동을 시도한다.	기본 운동을 즐긴다.
	실내외 신체활동을 즐긴다.	실내외 신체활동을 즐긴다.

3) 의사소통

내용범주	내용(0~1세)	내용(2세)
듣기와 말하기	표정, 몸짓, 말과 주변의 소리에 관심을 갖고 듣는다.	표정, 몸짓, 말에 관심을 갖고 듣는다.
		상대방의 이야기를 듣고 말한다.
	상대방의 이야기를 들으며 말소리를 낸다.	표정, 몸짓, 단어로 의사를 표현한다.
	표정, 몸짓, 말소리로 의사를 표현한다.	자신의 요구와 느낌을 말한다.
읽기와 쓰기에 관심 가지기	주변의 그림과 상징에 관심을 가진다.	주변의 그림과 상징, 글자에 관심을 가진다.
	끼적이기에 관심을 가진다.	끼적이며 표현하기를 즐긴다.
책과 이야기 즐기기	책에 관심을 가진다.	책에 관심을 가지고 상상한다.
	이야기에 관심을 가진다.	말놀이와 이야기에 재미를 느낀다.

4) 사회관계

내용범주	내용(0~1세)	내용(2세)
나를 알고 존중하기	나를 인식한다.	나와 다른 사람을 구별한다.
	나의 욕구와 감정을 나타낸다.	나의 감정을 표현한다.
	나와 친숙한 것을 안다.	내가 좋아하는 것을 한다.
더불어 생활하기	안정적인 애착을 형성한다.	가족에게 관심을 가진다.
	또래에게 관심을 가진다.	또래와 함께 놀이한다.
	다른 사람의 감정과 행동에 관심을 가진다.	다른 사람의 감정과 행동에 반응한다.
	반에서 편안하게 지낸다.	반에서의 규칙과 약속을 알고 지킨다.

5) 예술경험

내용범주	내용(0~1세)	내용(2세)
아름다움 찾아보기	자연과 생활에서 아름다움을 느낀다.	자연과 생활에서 아름다움을 느끼고 즐긴다.
	아름다움에 관심을 가진다.	아름다움에 관심을 갖고 찾아본다.
창의적으로 표현하기	소리와 리듬, 노래로 표현한다.	익숙한 노래와 리듬을 표현한다.
		움직임과 춤으로 자유롭게 표현한다.
	감각을 통해 미술을 경험한다.	미술 재료와 도구로 표현해 본다.
	모방 행동을 즐긴다.	일상생활 경험을 상상놀이로 표현한다.

6) 자연탐구

내용범주	내용(0~1세)	내용(2세)
탐구과정 즐기기	주변 세계와 자연에 대해 호기심을 가진다.	주변 세계와 자연에 대해 호기심을 가진다.
	사물과 자연 탐색하기를 즐긴다.	사물과 자연을 반복하여 탐색하기를 즐긴다.
생활 속에서 탐구하기	친숙한 물체를 감각으로 탐색한다.	친숙한 물체의 특성과 변화를 감각으로 탐색한다.
	물체의 수량에 관심을 가진다.	물체의 수량에 관심을 가진다.
	주변 공간과 모양을 탐색한다.	주변 공간과 모양을 탐색한다.
		주변 사물을 같고 다름에 따라 구분한다.
		생활도구에 관심을 가진다.
	규칙성을 경험한다.	규칙성에 관심을 가진다.
자연과 더불어 살기	주변의 동식물에 관심을 가진다.	주변의 동식물에 관심을 가진다.
	날씨의 변화를 감각으로 느낀다.	날씨와 계절의 변화를 감각으로 느낀다.

chapter 06

2019 개정 누리과정(만 3~5세) 속의 교수학습

1. 누리과정의 성격

누리과정은 3~5세 유아를 위한 국가수준의 공통 교육과정이다.

가. 국가수준의 공통성과 지역, 기관 및 개인 수준의 다양성을 동시에 추구한다.

나. 유아의 전인적 발달과 행복을 추구한다.

다. 유아 중심과 놀이 중심을 추구한다.

라. 유아의 자율성과 창의성 신장을 추구한다.

마. 유아, 교사, 원장(감), 학부모 및 지역사회가 함께 실현해 가는 것을 추구한다.

2. 누리과정이 추구하는 인간상

가. 건강한 사람

나. 자주적인 사람

다. 창의적인 사람

라. 감성이 풍부한 사람
마. 더불어 사는 사람

3. 누리과정의 목적과 목표

누리과정의 목적은 유아가 놀이를 통해 심신의 건강과 조화로운 발달을 이루고 바른 인성과 민주 시민의 기초를 형성하는 데에 있다.

이를 실현하기 위한 목표는,

가. 자신의 소중함을 알고, 건강하고 안전한 생활 습관을 기른다.
나. 자신의 일을 스스로 해결하는 기초능력을 기른다.
다. 호기심과 탐구심을 가지고 상상력과 창의력을 기른다.
라. 일상에서 아름다움을 느끼고 문화적 감수성을 기른다.
마. 사람과 자연을 존중하고 배려하며 소통하는 태도를 기른다.

4. 누리과정 구성의 중점

가. 3~5세 모든 유아에게 적용할 수 있도록 구성한다.
나. 추구하는 인간상 구현을 위한 지식, 기능, 태도 및 가치를 반영하여 구성한다.
다. 신체운동·건강, 의사소통, 사회관계, 예술경험, 자연탐구의 5개 영역을 중심으로 구성한다.
라. 3~5세 유아가 경험해야 할 내용으로 구성한다.
마. 0~2세 보육과정 및 초등학교 교육과정과의 연계성을 고려하여 구성한다.

5. 누리과정 영역별 목표 및 내용

1) 신체운동·건강

① 목표

실내외에서 신체활동을 즐기고, 건강하고 안전한 생활을 한다.

- 신체활동에 즐겁게 참여한다.
- 건강한 생활습관을 기른다.
- 안전한 생활습관을 기른다.

② 내용

내용범주	내 용
신체활동 즐기기	신체를 인식하고 움직인다.
	신체 움직임을 조절한다.
	기초적인 이동운동, 제자리 운동, 도구를 이용한 운동을 한다.
	실내외 신체활동에 자발적으로 참여한다.
건강하게 생활하기	자신의 몸과 주변을 깨끗이 한다.
	몸에 좋은 음식에 관심을 가지고 바른 태도로 즐겁게 먹는다.
	하루 일과에서 적당한 휴식을 취한다.
	질병을 예방하는 방법을 알고 실천한다.
안전하게 생활하기	일상에서 안전하게 놀이하고 생활한다.
	TV, 컴퓨터, 스마트폰 등을 바르게 사용한다.
	교통안전 규칙을 지킨다.
	안전사고, 화재, 재난, 학대, 유괴 등에 대처하는 방법을 경험한다.

2) 의사소통

① 목표

일상생활에 필요한 의사소통 능력과 상상력을 기른다.

- 일상생활에서 듣고 말하기를 즐긴다.
- 읽기와 쓰기에 관심을 가진다.
- 책이나 이야기를 통해 상상하기를 즐긴다.

② 내용

내용범주	내 용
듣기와 말하기	말이나 이야기를 관심 있게 듣는다.
	자신의 경험, 느낌, 생각을 말한다.
	상황에 적절한 단어를 사용하여 말한다.
	상대방이 하는 이야기를 듣고 관련해서 말한다.
	바른 태도로 듣고 말한다.
	고운 말을 사용한다.
읽기와 쓰기에 관심 가지기	말과 글의 관계에 관심을 가진다.
	주변의 상징, 글자 등의 읽기에 관심을 가진다.
	자신의 생각을 글자와 비슷한 형태로 표현한다.
책과 이야기 즐기기	책에 관심을 가지고 상상하기를 즐긴다.
	동화, 동시에서 말의 재미를 느낀다.
	말놀이와 이야기 짓기를 즐긴다.

3) 사회관계

① 목표

자신을 존중하고 더불어 생활하는 태도를 가진다.

- 자신을 이해하고 존중한다.
- 다른 사람과 사이좋게 지낸다.
- 우리가 사는 사회와 다양한 문화에 관심을 가진다.

② 내용

내용범주	내 용
나를 알고 존중하기	나를 알고 소중히 여긴다.
	나의 감정을 알고 상황에 맞게 표현한다.
	내가 할 수 있는 것을 스스로 한다.
더불어 생활하기	가족의 의미를 알고 화목하게 지낸다.
	친구와 서로 도우며 사이좋게 지낸다.
	친구와의 갈등을 긍정적인 방법으로 해결한다.
	서로 다른 감정, 생각, 행동을 존중한다.
	친구와 어른께 예의바르게 행동한다.
	약속과 규칙의 필요성을 알고 지킨다.
사회에 관심 가지기	내가 살고 있는 곳에 대해 궁금한 것을 알아본다.
	우리나라에 대해 자부심을 가진다.
	다양한 문화에 관심을 가진다.

4) 예술경험

① 목표

아름다움과 예술에 관심을 가지고 창의적 표현을 즐긴다.

- 자연과 생활 및 예술에서 아름다움을 느낀다.
- 예술을 통해 창의적으로 표현하는 과정을 즐긴다.
- 다양한 예술 표현을 존중한다.

② 내용

내용범주	내 용
아름다움 찾아보기	자연과 생활에서 아름다움을 느끼고 즐긴다.
	예술적 요소에 관심을 갖고 찾아본다.
창의적으로 표현하기	노래를 즐겨 부른다.
	신체, 사물, 악기로 간단한 소리와 리듬을 만들어 본다.
	신체나 도구를 활용하여 움직임과 춤으로 자유롭게 표현한다.
	다양한 미술 재료와 도구로 자신의 생각과 느낌을 표현한다.
	극놀이로 경험이나 이야기를 표현한다.
예술 감상하기	다양한 예술을 감상하며 상상하기를 즐긴다.
	서로 다른 예술 표현을 존중한다.
	우리나라 전통 예술에 관심을 갖고 친숙해진다.

5) 자연탐구

① 목표

탐구하는 과정을 즐기고, 자연과 더불어 살아가는 태도를 가진다.

- 일상에서 호기심을 가지고 탐구하는 과정을 즐긴다.
- 생활 속의 문제를 수학적, 과학적으로 탐구한다.
- 생명과 자연을 존중한다.

② 내용

내용범주	내 용
탐구과정 즐기기	주변 세계와 자연에 대해 지속적으로 호기심을 가진다.
	궁금한 것을 탐구하는 과정에 즐겁게 참여한다.
	탐구과정에서 서로 다른 생각에 관심을 가진다.
생활 속에서 탐구하기	물체의 특성과 변화를 여러 가지 방법으로 탐색한다.
	물체를 세어 수량을 알아본다.
	물체의 위치와 방향, 모양을 알고 구별한다.
	일상에서 길이, 무게 등의 속성을 비교한다.
	주변에서 반복되는 규칙을 찾는다.
	일상에서 모은 자료를 기준에 따라 분류한다.
	도구와 기계에 대해 관심을 가진다.
자연과 더불어 살기	주변의 동식물에 관심을 가진다.
	생명과 자연환경을 소중히 여긴다.
	날씨와 계절의 변화를 생활과 관련짓는다.

chapter 07

놀이와 교수학습

교육활동은 유아를 위해 계획한 활동을 함께 수행하고, 실제 유아가 경험한 활동을 유기적으로 이해하고, 개발된 교육과정을 교육현장에서 실천에 옮기는 과정으로 교육과정 설계에 피드백을 제공하는 활동이다(박승렬, 2008). 또한 유아의 개별적 발달과 경험, 흥미를 고려한 놀이중심의 통합적 활동, 교사-유아, 유아-유아, 유아-활동 간의 질적인 상호작용, 유아의 흥미와 관심에 적합한 교재·교구 활용에 대해 관심을 가지고 환경을 마련하고 진행하는 모든 과정을 일컫는다. 유치원 교육활동이 다른 수준의 학교 교육과 구별되는 중요한 차이점은 '놀이'를 중요시한다는 점이다(OECD, 2004).

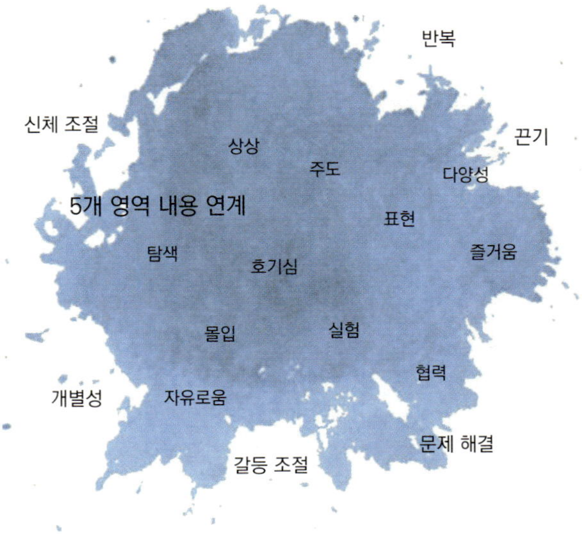

그림 7-1 | 유아 놀이의 의미와 특성

출처 : 교육부·보건복지부(2019).

1. 영유아 교육기관에서의 놀이와 교수학습 방법

유아는 놀이를 좋아하고 놀이를 하면서 가장 잘 배운다(교육부·보건복지부, 2019). 놀이를 하면서 배우는 유아의 유능함은 생득적으로 타고난 것이며 유아는 다양한 놀이 경험을 통해서 점차 성장해 간다. 또한 유아는 놀이를 하기 위해 몸을 움직이고, 하고 싶은 것을 스스로 선택하며, 놀이를 통해 상상한다. 놀이를 통해 재미와 기쁨을 느끼고 다양한 놀이를 통해 주변과 관계를 맺어간다. 유아는 놀이에 자발적으로 몰입하는 환경에서 다양한 개념을 습득하는데, '노는 게 힘이다'라는 말처럼 유아는 놀이를 통해 여러 가지 방법을 시도하고 다양한 학습기술을 연습하며 전인적 발달을 도모하는 한편, 유아의 성격이나 자기 감각, 지적·사회적 역량과 운동능력 발달을 위한 에너지를 만들어 낸다(김윤희, 2020).

분석심리학의 창시자인 융(Jung)에 의하면 "상상력의 창조적 활동인 놀이는 '아무것도 아닌 것에 불과한 존재'라는 매임으로부터 인간을 자유롭게 해주며, 인간을 놀이하는 상태로 상승시켜 준다"고 하였다(Jung, 1954; 1993). 놀이와 일을 구분하는 가장 큰 특징은 기쁨, 기쁨과 관련된 열망, 과거나 미래에 대한 염려를 모두 잊어버리게 하는 순간의 향유, 자아를 잊게 만드는 강력한 흡입력, 염려, 근심, 불안 등에 시달리지 않고 자신과 주변마저도 상관하지 않음, 신체적 욕구에 대한 주의 감소, 몰입의 순간에 겸허하게 되는 무한성, 결과보다는 과정성, 에너지 방출감, 긴장 등(장미경, 2018)으로 설명할 수 있다.

유아가 놀이를 진행할 때 선별적으로 뇌의 아미그달라와 배외측 전전두엽 피질에 있는 뇌유래신경영양인자(brain-derived neurotrophic factor)를 자극하는데, 이 두 뇌의 기관에서는 각각 정서처리와 수행의사 결정을 처리한다(Penkwepp, 2007). 또한 바이어스(Byers, 1998)는 놀이의 양과 뇌의 전두엽 피질 발달 사이에 정적인 상관관계가 있음을 발견했으며, 많은 연구들을 통해 뉴

런의 연결이 후천적인 영향에 의해 이루어진다는 것을 확인했다. 이처럼 유아는 다양한 경험과 놀이를 통해 더 많은 뉴런을 연결시키고 개념의 일반화를 위한 뉴런지도를 만들어 가며, 위협이나 긴장감이 없는 안전하고 편안한 가정과 교육환경 속에서 다양한 방법으로 삶의 방식을 시험한다(장미경, 2018). 유아는 놀이를 통해 상상하며 현실의 경험과 연결해 가는데 이것이 바로 유아가 세상을 이해하고 배워가는 방법이라고 할 수 있다.

놀이는 유아의 삶이고 배움의 방식이며, 단순한 경험이 아닌 세상을 살아가면서 만나는 수많은 문제들을 해결하고 배워가는 삶과 앎의 방식이다. 유아가 자율적이며 주도적으로 참여하는 모든 놀이는 세상에 대해 아는 또는 알아야 할 내용을 유아 자신만의 방식으로 표현하는 행위이며 배움 그 자체인 것이다. 유아는 스스로 자유롭게 놀이를 선택하고 결과보다는 그 과정에 초점을 두고 놀이를 통해 만족감을 느끼므로 놀이의 특성 중 가장 분명한 것은 재미와 즐거움이다(엄정애, 2001). 또한 놀이는 자유로움, 몰입, 즐거움, 상상력을 수반하는 특성을 가지며, 유아가 주도하는 배움의 과정으로서의 의미를 가진다. 교사가 계획한 내용을 넘어서는 놀이에서의 자연스러운 배움을 발견하는 것까지도 포함할 수 있다. 놀이는 목적과 규칙, 사실, 시간과 공간의 제약으로부터 자유롭고 능동성을 가지며 유아의 내재적인 동기가 중요한 원동력이 되므로 영유아 교육기관에서의 모든 교육활동은 유아가 놀이를 통해 그 의미와 가치를 발현할 수 있도록 계획되고 구성되며 실행되어야 한다.

영유아 교육기관에서의 다양한 놀이는 학습과 의사소통, 진단과 치유의 기능을 수행하기도 한다. 놀이를 통해 사물의 속성을 알고 또래와의 역할놀이를 통해 관계의 속성을 학습하고, 언어뿐 아니라 이미지나 감각적인 방식을 통해 인지적 과정을 표현한다. 이를 돕기 위해 유치원에서 교사는 유아의 놀이시간, 바깥놀이 시간, 식사시간 또는 전이활동 시간 등 유치원 일과 속에서 유아의 놀이 활동을 면밀히 살피며, 자연스러운 놀이환경에서 표출되는 유아의 놀이 태도나 언어 표현 등을 통해 유아의 정서적, 심리적인 상태를 관찰한다. 유아가 경험한 다양한 감정들은 놀이를 통해 표현되므로 교사는 유아의 심리적 상태나 관계의 어려움, 정서적 불편감을 이해하고 진단하며 해소하도록 도움을 줄 수 있다(강희정, 2020).

2. 영유아 교육기관에서의 교사의 역할

1) 놀이를 위한 지원자로서의 교사

교사는 영유아의 놀이를 통해 관찰되는 새로운 흥미와 관심에 따라 다양한 방향으로 교육과정을 운영할 수 있고, 영유아의 개별적인 특성을 이해하여 교육과정을 자율적으로 운영할 수 있다. 영유아와 교사는 '동시에' 놀이의 주체가 되어야 하며, 영유아들이 마음껏 놀이할 수 있는 권리를 주어야 한다. 교사는 유아에 대한 사랑이 많아야 하고, 영유아의 정서발달에 적합한 지식이 있어야 하며, 흥미와 발달에 맞는 유익한 교육적 기회를 제공할 수 있어야 한다(임재숙, 2009). 또한 교사는 영유아가 놀이에서 또래나 환경과 폭넓은 상호작용을 하도록 적절하게 개입하여 개방적인 반응으로 호기심을 자극해 줄 수 있어야 한다.

특히 유아가 놀이를 잘 진행해 가는 과정에서 가장 중요한 것은 교사의 '책무성'이다. '책무성'이란 유아·놀이 중심 교육과정에서 놀이, 일상생활, 활동이 잘 이루어질 수 있도록 고민하고 지원하는 교사의 역할 인식 및 실천을 의미하며, 특히 교사의 책무성은 놀이 속에 녹아 있는 배움과 놀이의 내용을 읽어내고 지원하는 것이 핵심이다(교육부·보건복지부, 2019).

교사의 역할은 유치원의 하루 일과 가운데 수시로 유아·놀이 중심 철학을 잘 지키고 있는지 스스로 돌아보면서 교수과정을 실천할 때 수행된다. '계획안에 준비한 활동의 실행과 평가'가 아닌 '지속적이고 흥미로운 놀이지원을 위한 계획을 수립'하는 것에 집중해야 하며 학급수준의 교육과정을 개발하고 진행하는 역할을 담당하므로 훨씬 더 높은 전문성을 가져야 한다. 교사는 놀이의 의미와 특성뿐 아니라 놀이가 배움으로서 지니는 가치도 이해할 수 있어야 한다. 교사는 유아·놀이 중심의 교육과정을 실행해 나가기 위해 개별 유아와 자신의 역량을 신뢰하고, 유아의 자율성을 인정하는 학급의 문화를 조성하며 이를 위해 자신의 교육철학과 교육과정에 대한 이해를 주기적으로 점검하고 배움을 계속해야 한다. 유아의 놀이지원 과정에서 발생하는 다양한 문제 상황을 인식하고 유아와 함께 해결할 수 있는 방법을 찾아야 하며(교육부·보건복지부, 2019), 교육기관의 학습공동체를 구성하여 동료 교사 등과 함께 더 많은 배움과 연구 활동이 일어나야 한다.

교사가 가장 중요하게 생각해야 할 관계는 유아-교사이며, 교사는 유아의 역량을 신뢰하고 교육활동에 반영할 수 있어야 한다. 반응적 상호작용을 하는 현명한 교사는 유아들의 흥미나 관심을 끄는 문제나 사건들에 민감하게 반응하고 대화를 유동적으로 이끌어 나가며, 유아와의 상호작용 질적 수준이 높은 교사는 유아에게 친절하고 반응적인 경우가 많고 유아와 함께 활동하는 데 보내는 시간이 많았다(최길순, 2017). 교사는 유아와 민주적인 관계를 정립하고, 교육과정을 함께 설계하고 구성해 나가는 존재이므로 놀이 공간, 놀이 자료, 하루 일과 구성, 평가 등에 있어서 유아의 다양한 반응을 반영해야 할 것이다. 교육계획은 교육기관의 철학과 실정, 학급의 다양한 상황 및 교사의 교육신념을 고려하여 자율적으로 결정하고 하루 일과가 융통성 있고 유아 주도적으로 이루어질 수 있도록 고민해야 한다.

2) 놀이를 위한 협력자로서의 교사

교사는 유아와 가장 가까이에서 그들의 놀이와 배움을 지원할 수 있는 교육과정 운영의 주체이자 유아들과 함께 배우고 성장하는 존재이다(교육부·보건복지부, 2019). 유아와 교육활동을 함께 진행하면서 교사는 다양한 고민을 경험하고 교육기관의 구성원들과 그 해결방안을 모색할 수 있다. 교육활동에서 관찰할 수 있는 유아의 놀이를 읽어내고 그 의미를 해석하고, 그에 맞는 다양한 수업자원을 지원할 수 있는 교사의 역할은 무척 중요하며, 이를 위한 학습공동체를 구성하고 운영할 수 있다. 교사의 학습공동체는 리더십 공유, 비전 공유, 교사들의 유아 학습에 대한 강조, 교사 협력, 전문적 탐구를 고무하는 교육기관 문화의 지원환경을 포함하고(홍향미, 2020), 교사학습공동체의 속성 중 "협력"을 핵심으로 보고 "협력의 방향, 양상, 깊이"에 대해 강조하였고(이승호 외, 2015), 교사들은 교사학습공동체를 통해 현장에서 겪는 문제점을 중심으로 동료 교사들 혹은 교육전문가들과 함께 기존의 지식을 재구성하거나 새로운 지식을 구성하는 협력 학습을 경험한다고 하였다(강지은, 2017). 특히 교육기관 안 교사학습공동체는 동일한 교육철학을 실행하고 교육운영에의 공통점을 가지며, 유아의 교육활동에 있어서 유사한 문제를 공유하기 때문에 교사 및 학교의 변화에 중요한 영향을 미친다(박나실 외, 2015). 또한 교사는 스스로 주도하고 공동체 안에서 서고 지원하고 존경받았다고 느낄 때에 교육활동과 역량에 전문적 발전을 이루므로 교사학습공동체에서의 정서적 요소의 중요성이 인식된다(Mitchell & Sackney, 2011). 이처럼 교사학습공동체는 교사들이 처음 가졌던 놀이에 대한 추상적 생각을 '유아와 진정한 소통', '설렘, 흥분, 기대감'과 '살아있는 교육' 등으로 바꿔주며 놀이를 긍정적으로 바라볼 수 있도록 하며(교육부·보건복지부, 2019). 이러한 전 과정은 교사의 교육활동의 역량개발과 업무성취에 큰 영향을 미칠 수 있다.

교사는 유아를 포함하는 다양한 주체들과 협력하여 함께 설계하고 구성해 나가는 교육과정을 지향해야 한다. 이 과정에서 학부모의 교육에 대한 이해는 교사가 교육활동을 실행하는 데 영향을 미치는 중요한 요인이므로 학부모와 원활한 협력관계를 이루어 가는 것이 바람직하다. 그러므로 교사는 학부모가 유아의 교육활동에 대해서 어떤 관점으로 바라보고 해석하고 있는지 파악하고, 적극적인 소통을 통해서 학부모가 자발적으로 유아의 놀이 활동에 참여할 수 있도록 격려하고 지원해야 한다. 또한 교사와 학부모는 서로의 지식과 기술에 대해 존중하고, 정직하고 명확하게 의사소통하며(Osher & Osher, 2002), 목표에 대한 상호 협의를 위해 왜 협력을 해야 하는가와 어떻게 프로그램을 그들의 삶의 양식에 맞출 것인가를 설명하기 위해 충분한 시간과 적응과정을 거쳐야 한다(염지숙 외, 2008). 이를 위해 학부모 모임을 구성하여 유아의 놀이가 갖는 교육적인 가치를 함께 공유하고, 그 가치를 발견할 수 있는 교육기관의 참여기회 제공이 필요하다. 이를 위해 학부모와 다양한 방법으로 교육활동에 대한 소통이 필요한데, 유아의 일과를 학부모에게 보고하는 의도보다 유아의 놀이활동에 대한 구체적인 내용을 공유하고 유아의 놀이를 통한 배움과 경험에 대해 안내할 수 있도록 한다.

이와 더불어 지역사회의 다양한 자원을 활용해 유아의 경험의 확장을 도울 수 있다. 지역사회는 유아에게 자신이 속해 있는 생활공간과 생활방식을 공유하고, 공동체 의식과 소속감을 갖게 하는 생활공동체로서 전인적 발달을 위해 필요한 교육의 장이며(김지은, 2014), 유아들에게 실제적인 상황에 함께 참여할 수 있는 기회를 제공하여 유아가 주체적이고 종합적으로 문제를 해결할 수 있는 능력을 기를 수 있는 최적의 장소이다.

유아가 살아가는 지역사회인 유치원, 가정, 지역사회 등은 유아의 삶의 맥락과 연결되어 있는 장소이고, 자연스럽게 학습이 이루어지는 장소이다(Catalano, 2004). 그러므로 교사는 지역사회와의 지속적인 연계를 통해 교실이라는 교육공간의 범위를 지역사회의 기관과 장소로 확장하고 그 다양한 자원을 적극적으로 교육활동에 수용하여 교육기관과 지역사회가 유기적으로 연계되도록 다양한 교육활동을 계획하여 실행해야 한다.

3) 놀이를 위한 환경제공자로서의 교사

영유아의 놀이와 활동을 위한 환경이라 함은 실내·외를 모두 포함하는 대부분의 공간과 놀이에 이용되는 교수학습 자료들을 포함한다(교육부, 2019). 또한 자율적으로 활동할 수 있는 주변 환경과 유아의 감각을 통해 경험되는 다양한 자료는 영유아의 놀이가 이루어질 수 있는 교육적인 자원이라고도 할 수 있다.

먼저 영유아의 실내·외의 놀이 공간 및 흥미영역을 구성할 때 가장 먼저 고려되어야 할 점은 '안전'이다. 실내의 바닥이 미끄럽지 않은지, 교구장의 모서리가 날카롭지 않은지, 전선 등이 노출되거나 벗겨지지 않았는지, 계단이나 복도, 또는 너무 구석진 곳에 놀이 공간이 구성되지 않았는지, 화장실 바닥은 미끄럽지 않은지, 계단에 미끄럼 방지 패드 등이 잘 설치되어 있는지 등에 대해 먼저 점검해야 한다. 실외의 놀이터나 운동장 등 유아가 다양한 활동을 하면서 폭넓게 사용하기에 안전하게 구성되어 있는지 살펴보며 유아가 안전하지 않은 상황에서 주변인에게 도움을 요청하거나 자신을 보호하는 사람으로 성장해 갈 수 있도록 도울 수 있다.

다음으로는 영유아의 하루 일과를 운영할 때 놀이와 휴식을 적절하게 운영할 수 있도록 환경이 구성되어야 한다. 2019 개정 누리과정에서도 첫 번째로 '건강한 사람'을 추구하는 인간상으로 제시하고 있다. 이는 자신의 소중함을 알고, 스스로 건강하고 안전한 생활습관을 기르는 것이 중요함을 강조하고 있는 것이다. 유아의 건강상태나 낮잠, 휴식, 영유아의 개별적인 신체적 요구 등을 반영하여 교육과정을 운영해야 한다. 특히 보육시설에서의 낮잠은 영유아들의 일과 중 누적된 피로나 긴장을 풀어주고 오후의 교육과정을 수행하기 위한 준비과정으로서 중요한 의미를 가진다. 표준보육과정에서도 이를 위해 0~1세 기본생활습관 영역의 '건강하게 생활하기' 내용범주 중 '하루 일과를 편안하게 경험한다'의 내용으로 영아의 놀이와 휴식에 대해 안내하고 있다. 2022년 유아교육 실태조사 보고서에서는 유치원에서 하루 4~5시간의 교육과정반과 3~5시간의 방과후과정반을 동시에 이용하는 비율을 85.3%로 보고하고 있으며, 이 중 놀이와 쉼 중심 운영을 원하는 요구도 확인되었다.

이와 더불어 영유아가 다양한 놀이를 확장해 나갈 수 있도록 놀잇감, 매체, 재료와 도구 등을 포함하는 풍부한 놀이환경이 중요하다(교육부, 2019). 영유아의 발달수준에 적합하고, 흥미와 창의성을 자극하며, 영유아의 생각이나 감정, 상상력 등을 자유롭게 표현할 수 있도록 돕고, 영유아가 자신의 방식으로 탐색하고 활용할 수 있도록 지원해 줄 수 있어야 한다. 또한 사물이나 물체, 놀이 재료나 자료들을 조작하고 다루는 방식이 점차 다양해지고 풍부해지면서 탐구력과 상상력이 커지며 배움과 도전의식을 기를 수 있다. 영유아는 감각을 이용해서 다양한 속성을 가진 이 세상과 만나며 물체와 물질의 변화 과정을 즐기며 교류하고, 스스로 탐색하고 시도하며 나름의 규칙을 만들고 자신만의 놀이 방식을 선택하여 자유롭게 표현한다. 이때, 영유아가 놀이를 확장해 가는 데 시간이나 공간의 제약을 받지 않도록 교실이나 복도 등의 경계를 자유로이 넘나들며 놀이의 맥락과 흐름을 활용할 수 있는 충분한 시·공간적인 자유를 존중해 주어야 한다. 이 과정을 통해 유아의 개별 놀이의 특성이나 흥미 또는 관심이 어떠한 변화과정을 거치는지 이해하고, 놀이를 통해 나타나는 교육과정의 특성을 평가할 수 있어야 한다. 이를 위해 다양한 방식을 이용하여 배움이 나타나는 유아의 놀이의 맥락과 흐름, 상황을 관찰·기록하고, 그 자료는 영유아를 위한 교육과정 편성이나 개별 영유아의 행복과 전인적 발달을 돕는 데 활용한다.

3. 영유아 교육기관에서의 일과운영 중 교수학습

교사는 기관의 실정에 맞는 교육계획을 수립하고 운영하는 것 외에도 놀이 지원자, 놀이 협력자, 놀이 환경제공자로서의 역할을 수행해야 하며, 영유아의 성(性)이나 신체적인 특성, 장애나 종교, 가족 또는 문화적인 배경으로 인한 차별이 없도록 교육과정을 편성하고 운영해야 할 책임이 있다. 영유아 교육기관의 일과 운영에 따른 교수학습에 대해 알아보면 다음과 같다.

〈표 7-1〉 영유아 교육기관의 일과 운영의 예

시 간	일 과	내 용
07:40 ~ 09:00	등원 및 오전 돌봄	• 등원 맞이 • 등원 유아의 건강상태 확인하기
09:00 ~ 10:00	실내놀이 및 오전 간식	• 놀이 지도 및 개별 간식 지도
10:00 ~ 10:10	정리 및 화장실 다녀오기	• 정리정돈 및 위생교육
10:10 ~ 10:50	대·소집단 활동	• 대·소집단 활동 안내하기
10:50 ~ 11:50	바깥놀이	• 자연이나 계절의 변화를 만나고 탐색하기
11:50 ~ 12:50	점심식사	• 영양을 고려한 식단 제공하기, 식사 지도
12:50 ~ 14:00	휴식 (및 낮잠)	• 충분한 휴식을 위한 환경 제공하기
14:00 ~ 14:30	오후 간식	• 편안한 분위기에서 간식 제공하기
14:30 ~ 17:00	방과후과정 (오후 놀이)	• 다양한 활동중심 놀이 제공하기
17:00 ~ 19:00	귀가 및 저녁 돌봄	• 정서적인 안정을 위한 따뜻한 돌봄 지원하기

1) 등원 및 오전 돌봄

〈교실 환기 및 등원 맞이〉

- 등원하는 영유아를 반갑게 맞이하고 영유아의 건강상태나 기분을 점검한다(시진).
- 각 교실의 환기 및 실내·외 교육환경을 점검·정비한다.
- 계절이나 날씨에 따라 준비할 사항이 있는지 확인하고 준비한다.
- 미세먼지 농도를 체크하여 유아의 활동 계획에 변경사항이 있는지 확인한다.

2) 실내놀이 및 오전 간식

〈실내 놀이지도 및 영유아 개별 간식지도〉

- 영유아의 건강·정서 상태를 자세히 살피고 개별 특성에 따라 놀이를 지원한다.
- 스스로 놀이를 선택하고 참여하여 함께 놀이에 몰입하여 활동을 진행할 수 있도록 안내한다.
- 놀이 속에서 개별 영유아의 흥미와 관심, 특성을 파악하고 관찰·기록한다.
- 영유아의 먹는 속도를 존중하여 여유롭게 간식을 먹을 수 있도록 지도한다.

3) 정리 및 화장실 다녀오기

〈실내놀이 정리 및 화장실 이용(대·소변 지도) 돕기〉

- 놀이 상황을 관찰·기록하고 놀이를 확장하거나 연장할 수 있도록 한다.
- 영유아의 개인위생과 개별 대·소변 욕구를 고려하여 화장실의 이용을 돕는다.
- 배변훈련에 도움이 될 수 있도록 화장실 이용 시 동행하여 청결하게 뒤처리를 돕는다.
- 대·소변 실수의 경우 영유아가 정서적으로 불편함을 느끼지 않도록 지원한다.

4) 대·소집단 활동

〈활동을 위한 충분한 공간과 시간 계획하기〉

- 영유아가 활동에 흥미를 가지고 적극적으로 참여할 수 있도록 안내한다.
- 개별적인 소집단의 충분한 활동을 통해 개별의 특성을 파악하거나 심리적 안정을 돕는다.
- 다양한 활동을 위한 충분한 공간과 시간이 확보될 수 있도록 상황에 따라 계획·진행한다.
- 영유아의 창의적 표현을 이끌어 줄 수 있는 질적 상호작용의 기회를 마련한다.

5) 바깥놀이

〈자연이나 계절의 변화에 따른 관찰활동 안내 및 신체활동의 지원〉

- 다양한 신체활동에 안전하게 참여할 수 있도록 실외놀이 공간에 대해 안내한다.
- 계절에 따라 만날 수 있는 동·식물, 곤충 및 자연물 등에 관심을 가질 수 있도록 안내한다.
- 바깥놀이에 필요한 다양한 신체활동 도구나 응급처치용 구급상자를 확인하여 관리한다.
- 실외에서는 실내에서보다 안전사고의 위험이 크므로 활동 전 안전에 대해 이야기 나눈다.
- 미세먼지가 심하거나 우천 시에는 대체할 수 있는 실내활동을 준비한다.

6) 점심식사

〈영양을 고려한 식단 제공 및 음식에 대한 다양한 경험 제공하기〉

- 영유아의 성장에 필요한 다양한 영양소의 섭취를 위해 기대감을 높일 수 있도록 안내한다.
- 식사량이나 속도, 음식 선호도에 따른 개인차를 존중하고, 개별적인 특성에 맞게 지도한다.
- 식품에 대한 알레르기 반응 유아를 확인하여 대체식단을 제공할 수 있도록 계획한다.

- 영유아가 특별히 거부감을 느끼는 음식에 대해 다양한 방법을 이용해 긍정적 경험을 제공한다.
- 투약이 필요한 경우, 보호자가 작성한 투약의뢰서의 투약 시간과 용량 등을 확인한다.

7) 현장체험활동

〈교통안전 및 생활안전 지도,위험시설 및 환경으로부터의 안전지도〉

- 차 안에서 지켜야 할 안전, 차량탑승 및 하차 시 안전에 대해 안내한다.
- 길을 잃거나 위험상황이 발생했을 때 도움을 요청할 수 있도록 안내한다.
- 체험활동에 필요한 자료나 응급처치용 구급상자를 확인하여 준비한다.
- 체험활동 현장의 위험 및 출입금지, 출입제한구역 등의 안전표시에 대해 확인하고 점검한다.
- 체험활동 장소를 사전에 답사하여 화장실의 위치나 영유아들의 동선을 파악하고 계획한다.

8) 휴식 및 낮잠

〈휴식이나 낮잠을 위한 편안한 교실환경 제공하기〉

- 교실 활동 공간 안에 영유아들이 개별적으로 휴식을 취할 수 있는 조용한 공간을 마련한다.
- 영유아의 수면과 휴식을 위한 공간에는 냉난방 시설 및 공기정화장치 등을 설치·관리한다.
- 낮잠이 필요한 영아의 경우, 조용한 음악을 준비하거나 소등 등 편안한 분위기를 조성한다.
- 낮잠을 자기 싫은 영아의 경우, 다른 영아에게 방해가 되지 않도록 조용한 놀이로 지도한다.
- 휴식이나 낮잠 시간을 이용하여 영유아와 정서적 상호작용을 할 수 있도록 계획한다.

9) 방과후과정

〈다양한 놀이와 쉼 중심의 돌봄활동 지원〉

- 적기교육을 기반으로 한 또래·체험 중심 활동으로 계획하고 운영한다.
- 학습이나 인지 분야 등 학부모의 양육 불안 심리를 이용한 특성화프로그램은 지양한다.
- 방학 중 돌봄 공백이 발생하지 않도록 맞벌이 가정 등 돌봄이 꼭 필요한 유아의 이용을 보장한다.
- 방과후과정 운영 시간 중 특성화 프로그램을 편성하는 경우, 1일·1시간·1개 활동 이내로만 운영한다.
- 특성화 프로그램은 학부모 수요조사를 실시하여 운영위원회의 심의·자문을 통해 결정한다.

10) 귀가 및 저녁 돌봄

〈가정과 같은 편안한 환경 조성 및 돌봄을 위한 전용 공간 확보, 귀가 안전 관리〉

- 영유아가 교육기관에서의 일과를 정돈하고 스스로 평가할 수 있도록 안내한다.
- 영유아가 학부모와 동행 귀가 또는 대리자(성인)가 동행 귀가 하도록 사전에 등록·관리한다.
- 어린이통학버스 운행 시 관련법령 등에 따라 동승 보호자 탑승, 좌석안전띠 착용, 안전한 승·하차 지도, 차량 내 잔존 유아 여부 확인 등을 철저히 준수한다.

Part

3

영유아 교수학습의 교수매체

chapter 08

영유아 교수매체

1. 영유아 교수매체의 개념

교수매체는 유아를 위한 학습지도 시스템을 설계하여 교수학습 과정을 구성해 나가는 데 필요한 학습 자료를 포함하는 총체적 교육환경을 의미한다. 교수매체는 교육목표를 효과적으로 활동에 접목할 수 있도록 돕고, 또한 활동을 매력적으로 확장해 가는 데 큰 역할을 한다. 프뢰벨은 "유아의 정신능력이 자기표현을 통하여 개발되려면 놀이 자료의 활용이 필요하다. 유아는 놀이 자료를 통하여 자기를 표현할 수 있으며 자료를 조작하여 봄으로써 정신적 발달을 이룬다"고 하였다. 이처럼 영유아의 활동에 활용되는 모든 매체는 유아가 학습내용을 잘 이해할 수 있도록 돕는다.

그러므로 교수매체 없이 유아를 지도한다는 것은 교육의 목표를 이룰 수 없음을 의미하는데, 이것은 유아는 감각에 의하여 교육이 이루어지는 발달 양상을 보이기 때문이다. 따라서 영유아 교수매체는 교육환경의 매우 중요한 요소이며, 교사의 힘으로 변화 가능한 부분이다. 교사는 영유아들의 연령이나 발달적 특성, 진행되는 활동 등을 고려하여 다양한 종류의 교수매체를 준비해 주어야 한다. 그렇게 함으로써 유아의 활동에 적합한 교수매체를 통해 경험하고 느끼고 상호작용하는 동안 자신의 생각을 표현하고 다른 사람의 생각을 이해하며 더 큰 교육적 개념을 습득하는 기회를 갖게 된다.

영유아의 활동에 있어서 학습자가 학습의 내용을 보다 더 잘 이해할 수 있도록 구체화시키거나 보충, 또는 시연하는 데 필요한 대부분의 자료나 기계를 교수매체라고 정의하는데, 이는 학습을 위한 물리적 보조장치의 역할을 하며 활동을 진행하는 데에 더 효과적인가를 상대적인 관점에서 설명한다. 이보다 더 넓은 의미의 교수매체는 교수활동을 위한 교수학습에 활용하는 모든 수단을 포함하는 포괄적이고도 종합적인 개념으로 교수활동의 다양한 요소들을 영유아에게 조직적으로 제공하기 위해서 사용되는 모든 통신 혁명의 산물(Gerlach & Ely, 1980)이라고 할 수 있다.

2. 영유아 교수매체의 분류

교수매체는 영유아가 학습과정에서 경험하게 되는 시각적, 청각적 또는 다감각 매체 등 감각기관을 통해 처리하게 되는 자료의 특성에 따라 분류할 수 있다.

〈표 8-1〉 교수매체의 분류

구 분	1세대	2세대	3세대	4세대
	전통매체	인쇄매체	투사매체 및 대량전달매체	정보통신 기술 및 교육자동화매체
시각매체	그림, 융판, 표본, 모형	그림책, 리플렛 등	슬라이드, 실물화상기, OHP, 라이트 테이블	LCD, 프로젝터
청각매체			녹음기 및 카세트 테이프, 라디오	CD플레이어 및 AOD
시청각매체			TV, 영화, VCR 및 비디오 자료, 케이블 TV	DVD, CD-ROM
다감각/상호작용 매체	자석, 인형 실물자료			CAI, VR, AR 양방향 TV

출처 : 노혜란·박선희·최미나(2012). 교육방법 및 교육공학(제2판). 서울 : 교육과학사.

3. 영유아 교수매체의 기능

1) 교수 보조의 기능

- 유아교육에 매체를 사용함으로 인해 교사와 학습자의 의사소통이 보다 용이해진다. 구체적 매체 없이는 유아에게 어떤 개념을 설명하거나 학습을 지도하는 데 어려움이 있다. 매체를 활용함으로써 이러한 어려움을 줄일 수 있다.
- 매체가 학습을 능률적, 효과적으로 이끈다. 매체가 없었다면 제공할 수 없었던 가치 있는 경험을 교사가 매체를 통해 제공할 수 있다.
- 학습자에게 동기를 부여한다. 교수매체가 학습내용을 보다 재미있게 해준다. 교수매체가 활용됨으로써 학습자의 동기가 유발되고 교수매체와 학습과정에 주의를 집중하게 하는 효과가 있다.
- 학생들이 배우는 것과 학습과정 자체에 대해 긍정적인 태도를 가지게 된다. 매체를 통한 학습은 동기 유발의 효과가 있으면서 학습을 성공적으로 이끄는 데 도움이 되므로 학습에 대한 긍정적인 자세를 가질 수 있도록 한다.
- 교사의 역할이 긍정적인 방향으로 변화될 수 있다. 교사가 전달해야 할 내용을 반복적으로 설명하지 않아도 되므로, 교사가 더 중요한 부분에 시간과 에너지를 활용할 수 있다.

2) 정보 전달의 기능

- 학습경험의 확대와 심화를 가능하게 하여 학습의 질을 높여준다. 시청각적인 요소를 통해 전달하고자 하는 지식의 요소들을 분명하게 전달할 수 있다.
- 각 학습자에게 공통된 경험을 제공한다. 매체의 사용으로 전달 방법에 의해 생겨나는 차이를 없앨 수 있다. 모든 학습자가 같은 매체를 보고 듣게

되어 동일한 메시지를 전달받을 수 있다.

- 교수에 소요되는 시간을 줄여준다. 매체를 사용하여 전달할 경우 시간의 소요가 적다. 많은 양의 정보가 보다 짧은 시간에 전달되므로 교사와 학습자 모두의 시간 활용을 효율적으로 관리할 수 있다.

3) 교수 기능과 학습경험 구성의 기능

학습상황에서 매체 자체가 교수의 기능을 담당할 수 있다. 또 교수매체 자체가 학습할 내용이며 경험 구성 기능을 가지고 있다. 이러한 매체들은 그 자체가 학습내용이 되면서 동시에 내용을 경험하게 하는 매체가 된다. 컴퓨터, 교육영화, TV의 교육적 프로그램 등을 예로 들 수 있다.

chapter 09

영유아 교수매체의 역사적 배경

오늘날 영유아 교수매체의 의미가 중요하게 인식되고, 영유아교육에서 교수매체의 제작과 활용이 활발히 이루어지기까지는 유아교육학자들의 이론적 배경과 교육철학이 바탕이 되어 왔다. 영유아 교수매체의 역사적 배경이 되는 학자들의 이론들을 살펴봄으로써 유아교육에서의 영유아 교수매체의 의의를 알아보고자 한다.

1. 코메니우스

1) 생 애

코메니우스(Johann Amos Comenius, 1592~1670)는 체코의 모라비아 지방의 농촌마을 니브츠에서 태어났다. 그의 부모는 모라비아 형제단 교인으로서 경건한 신앙을 가진 자들이었다. 그러나 가톨릭계 헝가리의 모라비아 침범으로 인하여 코메니우스는 12세에 부모를 잃고 고아가 되었다. 16세가 되어서야 교회의 도움으로 라틴어 학교에 입학하여 3년간 수학하며 재능을 인정받았으며, 곧장 독일의 칼빈신학교에 들어가 2년 동안 철학과 신학을 공부하게 되었다.

코메니우스는 체코 종교개혁 운동의 선구자였던 얀 후스의 순교정신과 경건

사상으로 형성되었던 모라비아 형제 교회의 진보적이며 개혁적인 풍토 속에서 성장했다. 코메니우스는 형제 교회 최후의 감독자이자 신학자로서 하나님이 지으신 자연과 성경을 토대로 사실주의 교육을 정립했다.

그는 무엇보다도 사람마다 흥미를 가지고 철저하게 배울 수 있는 새로운 교수법 개발에 몰두했다. 새로운 교수법의 원리를 정립하기 위해 우주 전체와 자연에 대한 면밀한 관찰과 과학적 분석에 힘을 기울였고, 거기서 발견한 질서와 조화의 이해를 새로운 교수법에 적용했다.

코메니우스는 자신이 평생 동안 경험한 전쟁과 종교적 박해, 망명 생활을 통해 오히려 평화의 염원을 키웠다. 잿더미가 된 전장에서 더 이상 전쟁과 같은 갈등과 싸움이 없는 세계, 즉 평화와 공존의 새로운 인류 공동체를 형성하려는 소망을 키운 것이다. 영국과 폴란드, 스웨덴 등 유럽을 떠돌며 오랜 사색과 연구를 한 끝에 코메니우스는 인류가 평화롭게 지상에서 실현하는 유일한 길은 하나님의 형상으로 태어난 모든 사람들, 특히 청소년들에게 새로운 인간성을 기르도록 하는 것뿐이라고 결론 내렸다. 코메니우스는 평생 동안 교육철학에 관한 200여 권의 저서와 논문을 펴냈다.

2) 영유아 교수매체에 영향을 미친 교육사상

(1) 시청각 교육의 효시

1658년 코메니우스가 저술한 그림 교과서 『세계도회』는 오늘날의 시청각 교재의 선구이며 당시에도 그 의의는 높게 평가되었다. 코메니우스, 루소를 거쳐 페스탈로치에 의해 체계화된 직관적인 가르침의 사조는 근대 교육개혁의 주된 원칙이었고, 견학·전시 등의 관찰 활동이나 학생의 직접적·목적적 활동을 중시한다는 형식인데, 오늘날 시청각 교육의 사조 속에 계승되고 있다.

(2) 전인교육 사상의 정립

인간의 전인성은 내면세계의 지·정·의를 강조하는 이성적이고 심리적인 요소들을 계발하는 것으로 이해되고 있다. 그러나 코메니우스는 성경의 창세기 1장 26절과 27절에 근거해 인간을 지성적·도덕적·신앙적 존재로 해석하고, 곧 인간의 내면세계에 내재하고 있는 지성과 덕성과 경건의 씨앗을 계발해야 한다는 본래적인 개념으로 전인교육 사상을 정립하였다.

(3) 남녀평등 교육사상

코메니우스는 하나님께서는 인간에게 베푸실 큰 은혜를 준비하셨고, 믿음으로 그리스도와 하나 되어 양자의 영을 받은 하나님의 자녀는 하나님 나라의 일에 적합한 존재들이라고 하였다. 코메니우스는 자신의 대표적인 교육서적 『대교수학』 9장에서 남녀 어린이 모두가 학교에 가야 한다는, 당시로는 상당히 획기적인 남녀평등 사상을 주장하였다. 이는 모든 인간은 한 목적을 가지고 태어난다는 성경의 사상에 의한 것이었다.

2. 루 소

1) 생 애

루소(Jean-Jacques Rousseau, 1712~1778)는 프랑스의 사상가이자 소설가로, 스위스 제네바에서 출생하였다. 프랑스계 스위스인인 시계직공의 아들로 태어나서 출생과 동시에 어머니를 여의었으며, 아버지는 자식을 기르는 데 별로 열성이 없었다. 10세 때는 아버지마저 집을 나가 숙부에게 맡겨졌으며, 공장의 심부름 따위를 하면서 소년기를 보냈다. 16세 때 제네바를 떠나 청년기를 방랑생활로 보냈는데, 이 기간에 바랑 남작부인을 만나 모자간의 사랑과 이성 간의 사랑이 기묘하게 뒤섞인 관계를 맺고, 집사로 일하면서 공부할 기회를 얻었다.

1749년 다종의 아카데미 현상 논문에 당선된 『학문과 예술로』를 출판하여 사상가로서 인정받게 되었다. 그 뒤 『인간불평등기원론』(1755), 『정치경제론』(1755), 『언어기원론』(사후 간행) 등 다수의 서적과 논문을 집필하였다. 1745년, 일생의 반려자가 되었으며 1768년 결혼한, 테레즈 르바쇠르와 동거하기 시작하였다. 테레즈와의 사이에 5명의 자녀를 출생했는데 모두 고아원으로 보냈다. 그 당시 이러한 일은 흔했지만, 이 사건은 루소의 마음에 무거운 짐이 되었다.

루소의 대표적인 소설 『에밀』에는 불평등한 사회 속에서 인간이 자립해서 살아나가려면 어떠한 교육으로 길러야 하는가를 제시하고 있다. 『사회계약론』 및 『에밀』은 발간 후, 파리·제네바 등지에서 사회질서를 혼란하게 하고 그리스도교의 가르침을 파괴한다는 이유로 금서 처분을 받았다. 루소 자신에게도 체포장이 발부되자 그는 스위스·프랑스·영국 등 각지를 헤매었으며, 도망자로서의 방랑 생활을 하였다. 미완의 작품 『고독한 산책자의 몽상』을 통해 고독한 자기 자신을 확인하였고, 과거의 행복했던 시기를 회상하면서 우아즈주에름 농장에서 생을 마감했다.

2) 영유아 교수매체에 영향을 미친 교육사상

(1) 성선설

『에밀』에서 루소는 '조물주의 손에서 나올 때 모든 것은 선하였으나, 인간의 손에 들어갈 때 타락한다'고 하였다. 유아들이 지닌 잠재력을 스스로 발견할 수 있도록 자유로운 분위기와 능동적인 경험과 활동을 강조하고 있다.

(2) 자연주의 교육사상

여기서 자연이란 반사회적이고 반문명적인 것으로 해석할 수 있으며, 한마디로 아동중심 교육이라 말할 수 있다. 아동의 고유한 특성을 발견하고 아동의 고유한 권리를 주장하는 등의 이유로 그를 아동의 발견자라고 평가한다.

(3) 발달단계에 따른 교육

교육의 핵심은 인간 내부에 있는 천성을 계발하는 것으로 보았다. 따라서 교사의 지배와 간섭을 최소화하는 소극적인 교육(기르는 교육이지 만드는 교육이 아니라는 의미)을 주장하였다.

3. 페스탈로치

1) 생 애

페스탈로치(Johann Heinrich Pestalozzi, 1746~1827)는 1746년 취리히에서 출생하였다. 취리히 대학교에 재학 중 애국자 단체에 소속되어 사회운동에 가담하였으며, 1769년 같은 단체원이던 안나와 결혼하였다. 1771년 노이호프에 농민

학교를 세웠으나 실패한 후 사색과 저술 생활로 세월을 보냈다.

1789년 프랑스 혁명의 여파가 스위스로 밀려왔을 때 슈탄스에 고아원을 설립, 전쟁고아를 돌보았다. 그 후 부르크도르프, 이베르돈에 학교를 세워 독자적인 교육방법을 실천하다가 만년에는 다시 노이호프로 돌아갔다.

페스탈로치는 당시의 유럽 사회를 분석하여, 계층 간에 존재하는 불평등을 지적하고 이의 시정은 정당한 교육으로만 가능하다고 주장하였다. 즉, 민중에게 바른 지성의 힘을 기르게 하면, 민중은 스스로의 힘으로 그들의 사회적 지위를 높이려 할 것이라는 입장에서 인간학교의 이상을 제안하였다. 또한 바른 지성의 힘을 체질화하기 위해서 형·수·언어의 개념을 직관적 경험을 통해서 부여해야 함을 강조하였는데, 이는 인간에게 내재하는 자발성·자기 활동에 의해 가능하다고 해석하고 기초 학습의 이념을 구체적으로 펼쳤다. 도덕적 학습의 근원을 부모와 자식 간의 사랑과 믿음의 관계에서 찾으려는 입장을 역설하였다.

그의 수많은 저서들을 보면 전 생애를 통하여 온갖 고난을 참으면서 언제나 교사로서의 뜻을 굽히지 않고 교육이라는 외길을 걸었던 강한 실천성과 교육에 의한 인류 구제의 염원을 실현하기 위한 구체적인 방법론을 확립하여 소상히 전개한 교육적 천재의 풍성함을 느낄 수 있다. 대표적 저서로는 농민학교 운영에 실패한 후에 쓴 교육선언 『은자의 황혼』(1780), 가정교육의 중요성을 강조한 불후의 교육소설 『린하르트와 게르트루트』(1781~1787) 등이 있다.

2) 영유아 교수매체에 영향을 미친 교육사상

(1) 자연성(자발성)의 원리

인간 본연의 내부에 가지고 있는 잠재력을 끌어내어 스스로 발전시킨다고 설명한다. 그러므로 교사는 유아 발달 단계에 적합한 교육을 실시하여야 하며, 주입식 교육은 타율적 훈련을 야기하여 자율적인 인간성을 형성하지 못하게 한다.

(2) 직관교육의 원리

교육의 효과는 구체적 사물을 접하고 실제 일을 행함으로써 이루어지는 것이다. 실제 작업과 노동 등을 중히 여겼다.

(3) 놀이중심의 교육과정

교육과정에 있어 개인적인 암송 학습보다는 집단 학습을 강조했고, 그림 그리기, 체육, 노래하기, 미술 작업 등의 교육과정을 중시했으며, 교육과정에 있어 개인차를 인정하고 과학적인 접근 방법을 강조하였다.

4. 프뢰벨

1) 생 애

프뢰벨(Friedrich Wilhelm August Froebel, 1782~1852)은 1782년 독일의 튀링겐이라는 작은 마을에서 목사의 막내아들로 태어났다. 생후 9개월에 어머니를 잃고 10살부터는 외삼촌 밑에서 사색과 명상을 즐기는 소년으로 자랐다.

16세가 되어서 아버지의 희망에 따라 유명한 측량사이며 산림관인 비츠에게서 일을 배웠고, 그 시기에 프뢰벨은 산과 들, 산림 속에서 식물을 채집하고, 책을 많이 접하며 수학, 어학, 식물학 등에 몰두하게 되었다. 프뢰벨은 자연 속에서 생활하면서 모든 사물 가운데 보편적인 법칙 및 통일성이 숨어 있다는 것을 깨닫게 되었다.

1799년 예나 대학 철학과에 입학한 프뢰벨은 응용수학, 대수학, 기하학 등을 배우면서 끊임없이 자연의 법칙이나 신비를 밝히려고 노력하였지만 학비를 낼 수 없어서 공부를 중단하고 말았다. 이 무렵에 외삼촌이 돌아가시자, 프뢰벨은 건축가가 되고자 프랑크푸르트로 가게 된다. 그곳에서 페스탈로치의 제자인 안

톤 그루너를 만나면서 페스탈로치와 만나게 된다. 프뢰벨은 그 뒤로 2년간 페스탈로치와 함께 생활하면서 교육을 통해 국가, 사회, 인류를 개혁하고자 하는 생각을 갖게 되었다.

1837년 고향으로 돌아온 프뢰벨은 여러 시설을 세우는 등 활발한 활동을 하였다. 당시에 대부분의 사람들은 유아들이 노는 것은 시간 낭비일 뿐이라고 생각했다. 그러나 프뢰벨은 유아들에게 이상적인 놀잇감이나 작업 재료를 주어 창조력을 키우고, 인간으로서의 전체적인 발달을 꾀하게 했다. 모든 부모와 교육자에게 유아를 사랑하고 존중할 것을 호소했던 것이다. 또한 이때에 은물을 창안했다.

1840년 현대 유치원의 효시인 '녹색이 짙은 어린이의 정원'이라는 뜻의 '킨더가르텐(Kindergarten)'을 설립한다. 그러나 1851년 8월 독일 정부는 유치원 운영을 금지시켰다. 유치원의 어린이들에게 무신론과 사회주의적 교육을 한다고 오인했기 때문이다. 프뢰벨은 이 오해를 풀려고 노력하다가 1852년 70세의 나이로 인생을 마감했으며, 여러 사람의 노력으로 1860년 유치원 운영 금지령이 철회되었다.

2) 영유아 교수매체에 영향을 미친 교육사상

(1) 창조적인 존재로서의 유아

프뢰벨은 유아를 창조적인 존재로 보았으며 인간은 스스로 내면의 신적인 창조성을 발휘하고자 하는 존재로 보았다. 유아는 마치 하나님의 은혜로 있는 정원의 식물과도 같은 존재로 보았으며, 경험과 통찰력이 풍부한 정원사인 어머니에 의해서 건전하고 아름답게 자라는 것이 바람직하다고 하였다. 유아의 창조성이 시기적절하게 잘 발휘되도록 하기 위해서는 어떤 제약이나 간섭이 있어서는 안 된다고 하였으며, 유아를 오직 천사처럼 존경받고 사랑받아야 할 존재로 보았다.

(2) 놀이의 중요성

유아교육을 충실히 하는 데 놀이를 가장 중요시하였다. 어린이는 창조적이고 생산적인 존재로서 적절한 환경만 주어진다면 자발적으로 환경에 흥미를 가지고 성장하게 된다고 주장하였다. 이러한 유아들의 자발적이고 자기 표현적 활동인 놀이가 이루어지기 위해서 필요한 것이 잘 준비된 환경이다. 따라서 교사의 역할이 간섭하고 통제하는 데 있는 것이 아니라 오히려 지지하고 지원해 주는 조력자의 역할이 중요하며 적절한 놀이환경을 준비해 주는 데 그 중요성이 있다.

(3) 은물의 창조

프뢰벨은 유아의 자발적인 활동을 유지시켜 주며 유아의 활동 충동, 창조 충동, 작업 충동을 만족시키고 육성시킴으로써 하나님이 부여한 신성, 순수한 정신적인 것이 발휘되도록 해주기 위한 교구로서 '은물'을 고안하였다. 이 은물의 특징은 단순하고 다양하여 유아가 이 대상물을 여러 면에서 고찰하고 여러 가지로 취급해서 다양한 많은 것들을 만들어 낼 수 있도록 한 것이다.

3) 은물의 체계와 구성

프뢰벨은 어린이의 놀이가 교육적 가치를 가지고 있으므로 이에 대한 이성적이고 의식적인 지도가 필요하다고 보았으며, 놀이의 교육적 가치를 실현하기 위해서 '은물'이라는 이상적인 놀잇감을 만들게 되었다. 프뢰벨이 고안한 은물은 20종류인데, 시대의 변천과 더불어 여러 가지 형태로 변화되어 그중에서 구체화된 기본적 형태인 10가지로 축소되었다.

(1) 제1은물(색)

털실로 짠 여섯 개의 작은 공으로 구성되어 있으며, 직경 6cm로 색깔은 빨강, 노랑, 파랑, 주황, 초록, 보라로 되어 있다.

유아에게 주는 놀잇감은 단순하고 기본적인 형태가 이상적이며, 이러한 놀잇감의 대표적인 것이 공이라 할 수 있다. 공은 모든 자연물의 형상이 갖는 기본적인 조건인 점, 선, 면을 그 자체에 포함하고 있으며, 따라서 그 자체가 완전한 전체이며, 보편적인 것의 영상임과 동시에 특수한 것의 영상이기도 하다. 이와 같이 공은 모든 형태를 가지고 있기 때문에 따라서 프뢰벨은 공을 첫 번째 놀잇감으로 주어야 한다고 하였다.

(2) 제2은물(형)

나무로 만든 직경 6cm의 공, 높이 6cm의 원통, 한 변의 길이가 6cm인 정육면체로 되어 있다.

제2은물의 공은 털실로 된 공이 아니라 단단하고 무거운, 또 굴러가는 속도도 빠르고 정지 상태도 확실한, 나무로 만든 공이다. 이 공은 그 자체에 어떠한 변화 없이 의연하면서 명료한 공을 표시하고 있다. 그래서 공에서 얻은 여러 가지 관념을 더욱 확실히 알 수 있게 될 뿐만 아니라 여러 가지 통일의 원리를 이해시킬 수 있다.

정육면체는 공과 같이 단단한 표면과 곡면만을 가진 것이 아니라 평면과 각을 가지고 있으면서도 공이 가지고 있는 요소를 포함하고 있는 물질로서, 공과 비교해 보면 구상적 표현으로 향하는 힘의 최고의 긴장을 표시하며, 점·선·면을 지배하고 있다. 마지막으로 원통은 공과 정육면체의 매개물로서, 원통의 곡면은 공이 갖는 움직이기 쉬운 운동을, 평면은 정지 등을 나타내는 것이다.

(3) 제3은물(수)

나무로 만든 한 변의 길이가 3cm인 작은 정육면체 8개로 되어 있다.

제3은물은 제2은물의 정육면체를 수평과 수직으로 2등분함으로써 8개의 작은 정육면체로 분할된 정육면체이다. 제1은물이 가장 일반적인 생의 교육적 범주를 발견시키고, 이어 제2은물이 그것을 공간적 형태의 다양성으로 끌고 갔다면, 제3은물에서 비로소 프뢰벨의 놀이 정신을 규정하는 신비한 수학적 법칙성과 아름다움을 보여주고 있다. 즉, 제3은물은 프뢰벨 은물 전체 체계의 열쇠인 것이다.

(4) 제4은물(넓이)

한 변의 길이가 3cm, 1.5cm, 6cm인 직육면체 8개로 되어 있다.

제4은물에서는 각각의 모양이 직육면체이기 때문에 크기가 각각 다른 세 가지의 면과 모서리를 지니고 있다. 그러므로 같은 기둥을 만든다고 해도 쌓는 법에 따라 수십 가지의 기둥이 될 수도 있고, 또 옆으로 늘어놓더라도 역시 그렇다.

(5) 제5은물(균형)

한 변의 길이가 3cm인 작은 정육면체 21개, 이 작은 정육면체를 2등분한 삼각주 6개, 다시 삼각주를 2등분한 작은 삼각주 12개로 되어 있다.

이 은물에서는 3이라는 수를 기초로 하여 홀수를 취급했다는 것과 또 삼각주로서 직각 이외의 예각을 알게 하고, 면에 있어서도 정사각형 이외에 직사각형과 삼각형을 경험하게 한다. 길이나 높이, 두께가 충분하고 다양한 모양을 가지고 있기 때문에 유아의 미적 감정을 양성하고 자유 창작의 힘을 발전시키며, 지적·정신적 발전을 도모할 수 있다.

(6) 제6은물(비례)

제4은물과 모양이 똑같은 직육면체 18개, 그리고 이 직육면체를 가로와 세로를 2등분하여 얻은 직육면체 6개, 밑변의 길이가 6cm, 높이가 1.5cm가 되게 자른 직육면체 12개로 되어 있다.

이 은물의 특색은 직육면체를 잘게 잘라 만든 '기둥'과 '받침'인데, 이 기둥을 사용함으로써 빈자리를 채워가며 이상적인 구성을 할 수 있다. 또 서로 다른 세 가지 부분으로 이루어졌는데 어느 것이나 육면체요, 면은 사각형, 각은 전부 직각이다. 따라서 이것을 가지고 노는 유아는 상당히 발전되어 있어야 하지만, 이것을 사용함으로써 유아는 미적·창작적으로 현저하게 진보하게 된다.

(7) 제7은물(면)

나무로 만든 각종 사각형과 삼각형으로 구성되어 있으며, 지금까지의 형태에서 면으로 발달시킨 것이다.

(8) 제8은물(선)

길이가 다양하다. 금속이나 나무로 만든 가느다란 막대로 되어 있다.

(9) 제9은물(곡선)

콩, 작은 돌조각, 조개껍데기, 그 밖의 여러 가지 종자, 두꺼운 종이로 만든 작은 조각으로 되어 있다. 현재는 프뢰벨 당시의 자료들을 현대적으로 응용하여 활용하고 있다.

(10) 제10은물(점)

부드러운 완두콩, 초로 만든 작은 구형, 보릿대, 가는 죽대로 되어 있다. 이들을 조립해서 면이나 형태를 종합한다.

5. 몬테소리

1) 생 애

몬테소리(Maria Montessori, 1870~1952)는 이탈리아의 안코나 근처 키아라발레에서 출생하였으며 어릴 때는 특히 수학에 재능이 특출하여 수학 공부에 몰두하기도 하였지만 점차 생물학에 관심을 가졌으며, 후에 로마 대학에서 의학을 전공하여 26세에 이탈리아 최초의 여성 의학박사가 되었다.

몬테소리는 이탈리아 최초의 여의사로서 의학의 배경을 가지고 교육의 발달에 공헌하게 된다. 지체아들을 지도하기 위한 교육을 연합하고자 하는 그녀의 강한 노력은 전통적인 의학의 방법으로부터 벗어나게 했으며, 자신의 부족한 부분을 위해 다시 철학과 교육을 공부하게 된다.

1900년에서 1907년까지 몬테소리는 로마 대학에서 교수로 인류학을 강의하면서 어린이집의 책임을 맡게 된다. 몬테소리는 어린이들을 관찰한 결과, 정신발달의 연속적인 발달단계를 상정하고 유아들의 발달에 특별히 중요한 측면이 있음을 생각하였다. 오감의 발달 중 특히 시각과 촉각의 발달은 지적 성장과 추상적 개념의 발달에 중요한 영향을 끼침을 발견하고 같은 과제를 반복하는 방법을 통해 유아들의 감각발달을 도와주는 교수 자료들을 구안하였다.

특히 3~7세까지의 어린이들이 준비된 환경 속에서 교구들을 스스로 선택하여 활동함으로써 학습에 몰두하고 서로 도와줄 수 있는 분위기가 체계화되었다. 몬테소리의 이론과 자료들은 1919년경부터 영국의 유치원에도 보급되기 시작하였으며, 특히 준비된 환경의 개념과 교구들은 공·사립 유치원에서 사용하는 교육 자료로 확대 보급되기 시작하였다.

몬테소리 교육은 그녀가 가톨릭 신자였으므로 종교적인 배경을 가지며, 의사로서의 생물학적 지식과 의학에서의 실증주의적이고 자연과학적인 방법들이 영향을 미쳤으며, 루소 등의 자연주의적 사상을 통합시킨 그녀 나름의 독특한 교육사상이다.

몬테소리의 교육사상은 전통주의의 주입식이며 권위적인 교사와 무개성의 순종적인 학습자가 아닌 진보주의에 입각한 학생의 개성과 자율성, 그리고 흥미가 최대한 반영되고 교사의 개입을 최소화한 아동중심의 교육을 지향하고 있다.

2) 영유아 교수매체에 영향을 미친 교육사상

(1) 준비된 환경

인간발달에 있어서 선천적 요인의 중요성과 함께 후천적 준비를 강조하였다. 여기서 환경이란 유아의 학습동기를 유발할 수 있는 의미 있는 환경을 의미한다. 몬테소리는 유아에게 의미 있는 환경을 제공해 주기 위해서 유아교육에 적합한 환경의 연구로서 다양한 교구에 대한 유아의 반응을 연구하였다. 그 결과 유아들은 자신의 내적 욕구를 충족하는 교구에 깊은 집중을 보인다는 것을 확인하였다.

몬테소리는 적절한 환경이 아이들의 무한한 잠재력을 발휘하고 성장할 수 있도록 하여주기 때문에 미리 준비된 환경하에서 교사, 교구, 학생의 발전이 가능하다고 하였다.

(2) 흡수정신

몬테소리는 저서 『흡수하는 마음(The Absorbent Mind)』에서 그의 어린이관에 대해서 밝히고 있다. 유아들에게는 창조적인 성질의 무의식적인 지적 상태가 존재한다는 것이다. 즉, 유아들은 성인들이 의식적이고 의도적으로 무엇을 배우는 것과는 달리 무의식적으로 학습한다는 것이다.

(3) 민감기

유아의 흡수성은 유아의 자발적인 노력을 통해서 얻어지는 것이 아니라 민감기(sensitive period)라고 하는 내적 감수성의 유도를 통해서 형성되며, 이는 일정 기간 동안만 지속되는 것이라 하였다. 즉, 질서, 미세함, 손의 사용, 걸음, 언어 획득 등의 민감성을 예로 들 수 있다. 유아는 이러한 민감기의 강한 충동을 통해서 여러 경험을 습득하게 되는 것이다. 따라서 교육의 목표는 이러한 과정을 원활히 거쳐갈 수 있도록 자극하고 격려하는 것이 되어야 한다.

3) 몬테소리 교구

몬테소리의 교구는 상당히 다양하므로 각 주제 교구별로 대표적인 교수매체를 소개하고자 한다.

(1) 감각 교구

① 꼭지원기둥

꼭지원기둥은 크기에 대한 시각적 변별력을 기르기 위하여 소개되는 교구이다. 원기둥에 달린 꼭지를 유아가 세 손가락으로 잡도록 고안된 것은 세 손가락의 근육을 강화시켜 미래에 글씨를 쓰는 데 간접적 준비를 시키기 위함이다.

② 분홍탑

10개의 분홍색 정육면체는 삼차원의 크기(부피)에 대한 시각적 변별능력을 기르는 것을 돕는다. 유아들은 감각적 탐구를 통하여 크기와 부피의 변화를 느끼고 시각적 변별력을 기른다. 1㎤에서 10㎤로 부피가 증가하는 10개의 분홍탑 입방체로 구성되어 있다.

③ 갈색 계단

10개의 갈색 직육면체는 길이가 20cm로 고정되어 있고 폭만 변화하도록 고안되어 있다. 따라서 유아들은 폭, 두께의 변화를 시각적으로 변별하게 된다. 직육면체의 면적과 부피와 변화를 느낌으로써 부피와 관련된 수학적 개념 형성을 간접적으로 돕는다.

(2) 수 교구

① 수 막대와 수 카드

수 막대는 유아에게 1에서 10까지의 양과 그에 대응되는 숫자를 소개한다.

또한 수의 서열에 대한 개념을 발달시키고 10의 조합과 기초 수의 개념을 발달시킨다. 교구는 10개의 나무막대로 구성되어 있는데, 10cm마다 빨간색과 파란색이 번갈아 가며 칠해져 있다. 막대의 길이는 가장 짧은 것이 10cm이고 가장 긴 것은 1m로 10cm씩 증가한다. 나무로 만든 수 카드는 1에서 10까지의 양과 숫자를 연합시키는 데 사용된다.

② 숫자와 바둑알

1~10까지의 수를 다루는 교구 중 마지막 단계에서 유아는 숫자를 순서대로 나열하고 그에 대응하는 바둑알을 놓음으로써 양과 숫자를 연합시킨다. 바둑알이 놓이는 모양에 따라 유아는 홀수와 짝수의 개념을 습득할 수 있다.

③ 셈 막대 상자

셈 막대 상자는 1~9까지의 양과 수의 연결을 강화시킨다. 45개의 셈 막대를 상자의 칸에 쓰여 있는 수만큼 넣도록 하며, 0의 칸이 비어 있는 것을 보고 '0'을 발견하도록 한다.

(3) 언어 교구

① 쓰기 연습판

쌀이나 모래와 같은 것을 담아서 평평하게 고른 다음 유리판 아래에 끼워놓은 글씨의 모양을 따라 손가락으로 글씨를 쓰는 연습을 한다.

② 한글 모래글자판

한글 모래글자판은 유아가 글자의 형태를 손가락으로 따라 그리면서 글자의 소리를 내어보는 활동을 통해 촉각, 시각, 청각 등 다중감각적으로 글자를 익히고 쓰기를 준비하도록 고안된 교구이다. 자음 14장(빨간색 판), 모음 10장(파란색 판), 완성 글자 84장(초록색 판)으로 구성되어 있다.

③ 실물 모형 언어 카드

실제 사물의 모형과 모형 카드, 언어 카드 등으로 구성되어 실물 모형을 보면 언어를 자연스럽게 익히게 된다.

(4) 문화 교구

① 달력

유아들이 매일의 달력을 조작해 봄으로써 연, 월, 일, 요일, 주 등의 개념과 어제, 오늘, 내일 등의 시간의 흐름에 대한 개념을 이해하게 된다.

② 세계지도 퍼즐

각 대륙별 세계지도를 퍼즐로 만들어 조립해 가면서 각 나라·대륙별 지도를 이해하게 된다.

(5) 일상생활 교구

① 열고 잠그기

다양한 종류의 잠금 장치를 열고 닫는 연습을 통하여 손가락과 손목의 유연성과 힘을 기르고, 스스로 열고 닫을 수 있는 능력을 기른다.

② 의상생활 틀

단추 틀, 벨트 틀, 지퍼 틀, 리본 틀로 구성되어 있다.

③ 따르기

물과 곡물 등의 양과 부피의 개념을 익힌다.

④ 조끼형 의생활

똑딱단추, 찍찍이, 끈매기, 옷핀으로 구성되어 있다.

chapter 10

영유아 교수매체의 이론

1. 호반의 이론

호반(Hoban)은 교육의 주요한 목적이 인간의 경험을 일반화하는 데 있다고 보았다. 교육한다는 것은 피교육자로 하여금 모든 경험 가운데서 일반적인 원리 원칙을 발견할 수 있도록 하는 것이라고 하였다. 경험의 일반화란 학습자가 추상적으로 사고할 수 있는 능력인데 이 능력은 시각 자료의 활용에 의해 직접적으로 영향을 받는다고 하였다.

그는 교육을 시행하기 위해서 교과과정을 시각화하는 데 중점을 두었다. 언어가 가진 추상성을 실제 경험을 통한 구체적 경험을 통해 보완하는 것이 가장 바람직하다고 하였다. 시각 보조물은 그림, 모형, 실물, 혹은 장치 등이라고 하였는데, 특히 유아의 학습을 위해서는 구체적인 내용으로부터 점차 추상적인 방법으로 나아가는 것이 바람직하다고 하였다.

가장 구체적인 경험으로 볼 수 있는 실제 장면을 시작으로 하여 실물, 표본, 영화, 입체도, 슬라이드, 사진, 지도, 도표, 언어의 순으로 제시하는 것이 바람직하다고 하였다. 시각 보조물을 구체성과 추상성의 정도에 따라 다음의 |그림 10-1|과 같은 도식으로 체계화하였다.

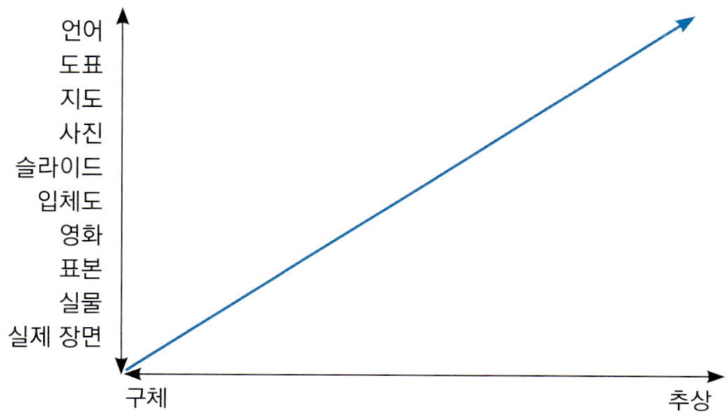

| 그림 10-1 | 호반의 시각교재 체계

출처 : 이옥섭 외(2009).

2. 데일의 이론

데일(Dale)은 교육의 목표를 개념 형성의 과정으로 보고, 개념 형성을 위한 기초로서 풍부한 경험이 필요함을 주장하였다. 학습자가 개념을 형성할 수 있도록 경험을 제공하는 데 있어서 구체와 추상의 두 흐름이 있게 된다. 추상적인 교육은 이론적이며 학문적인 것인 반면, 구체적인 교육은 감각으로 접할 수 있는 것으로 실제적인 경험이 되는 것이다. 교육상황에서 구체성과 추상성은 양분되어서는 안 되며, 두 가지 흐름이 항상 균형을 유지하는 것이 바람직하다.

데일은 교수매체를 활용한 학습경험을 구체성과 추상성을 기준으로 11단계로 나눈 경험의 원추(cone of experience)를 제시하였다(그림 10-2). 제시한 11단계의 경험은 가장 구체적인 학습경험으로부터 가장 추상적인 경험에 이르는 분류이다. 1~3단계는 행위에 의한 학습, 4~9단계는 관찰을 통한 학습, 그리고

10~11단계는 상징에 의한 학습이라고 하였다.

1단계는 '직접적, 목적이 있는 경험'이다. 직접적으로 참여하여 능동적이고 목적이 뚜렷한 행위를 하는 것으로, 직접성, 목적성, 결과에 대한 책임의 세 요소를 지닌 경험으로 규정된다. 모든 경험 중에서 가장 구체적이고 모든 경험의 기초가 된다. 목적을 가지고 실제로 행하여 보는 모든 경험이 이에 속한다.

2단계는 '모의 경험'으로 모형, 견본, 실물, 표본 등을 통해 어느 정도 직접 경험과 유사한 경험을 하는 것을 말한다. 특정의 교수 목적을 위해 원래의 현실을 수정, 편집 등의 재조정을 하여 경험하는 것이다.

3단계는 '극 경험'으로 극에 참여하거나 관람하는 일이다. 현실을 무대라는 공간에 압축시켜서 학습에 필요한 중요한 부분을 강조해서 하는 학습경험이다. 모의 경험이 현실의 공간적인 차원의 변형이라면, 극 경험은 시간적인 차원에서 현실을 수정한다.

4단계는 '시범'을 보아서 배워가는 것이다. 물질적 대상과 관련된 것뿐 아니라 어떤 사실, 생각, 과정을 학습하는 데도 사용된다. 유아들이 교사의 시범을 주의 깊게 관찰하고, 배우는 모든 것이 이에 속한다. 제한된 상황 내에서 직접적인 경험에 참여하는 시범자를 관찰하는 것이다.

5단계는 활동 자체에 참여하는 것은 아니지만 활동하는 생생한 모습을 관찰함으로써 이해를 촉진하는 '견학'이다. 견학의 범위는 교실의 제한성을 탈피하여 지역사회, 박물관 등 넓은 영역으로 생각할 수 있다. 견학은 특정한 학습목표를 위해 실제 현장을 관찰하는 것이다.

6단계는 박물관, 미술관 등에 제시된 자료를 관람하는 '전시'이다. 전시는 제한된 상황 내에서 계획에 따라 수집된 자료에 학습자의 관심이 집중되는, 즉 사람이 만든 인공적인 자료를 관찰하는 행위이다.

7, 8단계는 동적인 시각 이미지와 청각 기능으로 실제 현장을 재생해 주는 'TV나 영화' 등이다. 텔레비전은 여러 가지 시범을 보이거나 근접 장면을 보여

줄 수 있고, 미세한 부분까지 영상에 담을 수 있으며, 비교적 즉시성이 높다. 비디오에 연결하여 반복 활용도 가능하다. 영화는 제작 기간이 필요하여 텔레비전만큼 즉시성은 부족하나, 당시에 촬영할 수 없었던 과거의 사건을 재연을 통해 매체화할 수 있다는 것 등이 유용하다.

9단계는 '녹음, 라디오, 그림, 슬라이드, 사진' 등의 시청각 매체들이다. 녹음과 라디오는 언어와 소리에 의해 메시지를 전달하는 매체이며, 시간과 공간에 구애받지 않는다는 장점이 있다. 또 흔하지 않은 소리를 들을 수 있고, 청취 수준도 조절이 가능하다. 그림과 사진은 동작이 제거된 채 화면으로 보이는 매체이다. 크기의 조정, 모양의 단순화, 색채 사용 등으로 교수 내용을 설명하는 데 효과적일 수 있다.

10단계는 '시각적 상징'으로 만화, 스케치, 도표, 지도, 그래프, 악보, 기호, 부호 등 인위적으로 생략되고 강조되거나 도식화 등을 통해 사물이나 현상을 상징적으로 나타낸 것을 말한다.

11단계는 가장 추상적인 '언어적 상징'으로 본질적으로 아무 의미도 없는 부호에 경험을 압축시킨 것이다. 사람들 사이에 약속된 언어라는 매체를 통해 개념, 원리, 사상 등을 표현하여 전달한다.

경험의 원추가 위로 갈수록 좁은 형태를 이루는 것은 유아의 학습상황에서 구체적인 경험을 주는 것일수록 많이 활용되고, 추상적인 경험일수록 적게 활용됨을 나타낸다. 즉, 유아에게서 구체적인 경험일수록 많이 활용되고, 상징적 경험은 어느 정도의 해석 능력을 요구하므로 직접경험에 비해 그 활용도가 낮다고 할 수 있다.

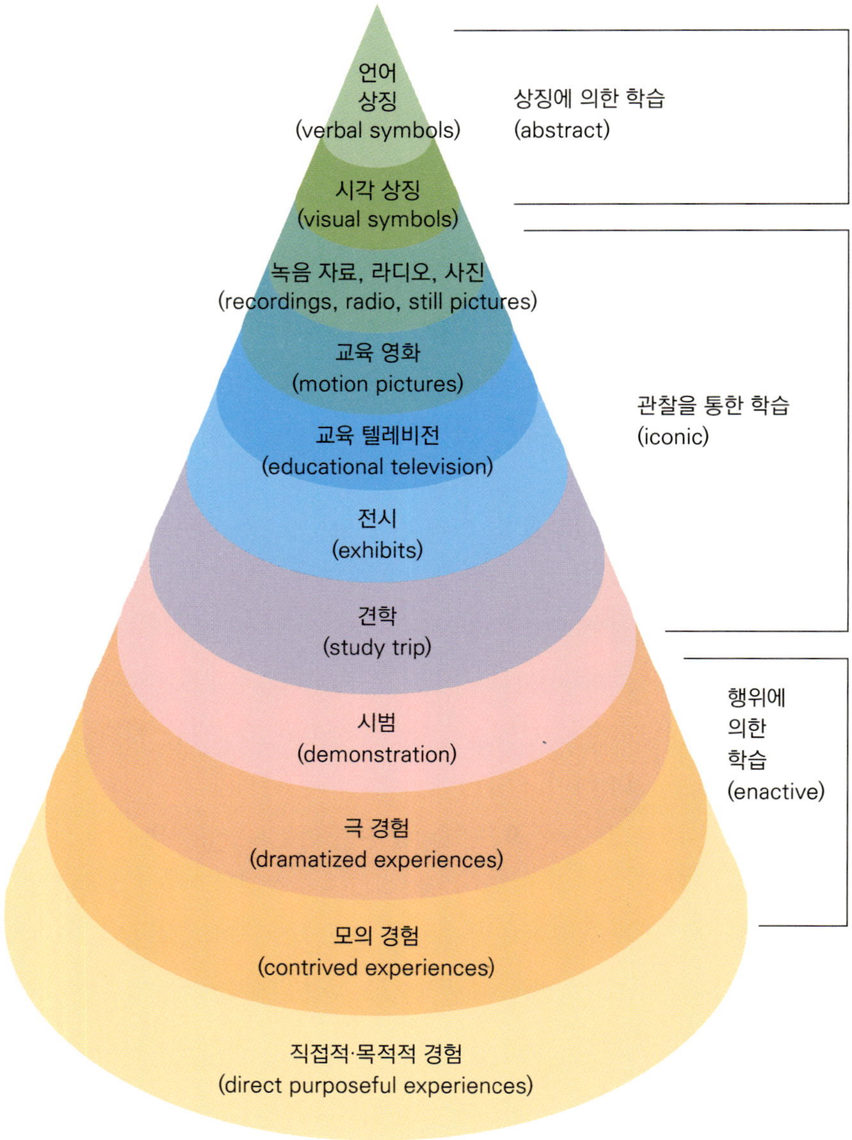

그림 10-2 | 데일의 경험의 원추

출처 : 김용욱(2011).

3. 올센의 이론

올센(Olsen)은 학교의 교육이 사회와 너무 동떨어져 있음을 지적하면서 지역사회의 영역과 문제 자체가 학교의 교육과정에 지침이 되어야 하며, 이를 위해서는 학교의 전체 교육 프로그램이 생활중심 본위의 기본 개념으로 조직되어야 한다고 하였다. 그리고 '학습자가 어떻게 학습할 것인가'의 해결 방안으로 학습의 방법과 교수 자료의 유형을 크게 네 가지로 분류하였다.

1단계는 지역사회 경험을 통한 직접학습으로서 자원 인사의 활용, 면담, 견학, 조사 연구, 현장 실습, 학교 캠핑, 지역사회 활동 등을 포함하는 것으로 '감각적 접촉'이라 칭하였다.

2단계는 표현적 활동을 통한 직접학습으로서 제도하기, 그림 그리기, 모형 만들기, 벽화 만들기, 연극, 조립, 수집, 게시판 꾸미기 등이 해당되는 것으로 '개인적인 중계 활동'이라고 하였다. 학습자는 개인적으로 창의적인 활동을 하여 자신의 경험, 사상, 감상, 통찰력을 표현한다.

3단계는 학습자가 불가피한 시간과 공간의 제한을 초월하도록 도와주는 학습경험의 방법이다. 지도, 표, 그래프, 실물, 표본, 모형, 사진, 슬라이드, 영화, 라디오, 녹음 자료, TV 등의 시청각 자료를 통한 대리학습으로서 '기계적인 제시'라 하였다.

4단계는 '추상적 상징'의 단계로 책, 잡지, 신문, 강의, 토의, 토론, 편지, 수필 등의 언어를 통한 학습이 이에 속한다. 비록 언어가 고도의 추상적인 상징이기는 하나 경험을 전달하고, 공유하고, 판단하는 데 가장 좋은 지름길이 된다.

올센은 이와 같이 1단계 구체적인 경험으로부터 시작해서, 4단계로 갈수록 추상적인 경험으로 제시하였다. 유아의 학습을 지도할 때, 구체적인 경험으로

부터 점차 추상적인 것으로 제시하는 것이 학습의 효과를 기대할 수 있는 바람직한 방법이라고 하였다.

4단계 **추상적 상징**	언어를 통한 대리학습 책 – 잡지·신문 – 강의 – 토의·토론 – 편지 – 수필 – 보고서 – 공식
3단계 **기계적인 제시**	시청각 자료를 통한 대리학습 지도 – 도표 – 그래프·실물·표본 – 모형 – 사진 – 슬라이드 – 필름 스트립 – 영화 – 라디오·녹음 자료 – 텔레비전
2단계 **개인적인 중계 활동**	표현적 활동을 통한 직접적 학습 제도하기 – 그림 그리기 – 모형 만들기·벽화 만들기 – 연극 – 조립 – 수집 – 게시판 꾸미기
1단계 **감각적 접촉**	지역사회 경험을 통한 직접적 학습 자원 인사 – 면담 – 견학 – 조사 연구 – 현장 실습 – 학교 캠핑 – 지역사회 활동

그림 10-3 | 올센의 학습경험의 방법

출처 : 변경화(1985).

4. 킨더의 이론

킨더(Kinder)는 인지가 직접적·구체적 단계에서 상징적·간접적 단계로 발달해 간다고 하였다.

첫 단계는 감각적 운동기로 사물에 대하여 확실한 경험을 주기 위하여 신체활동의 기회를 주어야 한다고 하였다. 두 번째 단계는 조작적 충동기로서 흥미를 높이기 위하여 손으로 조작할 수 있는 것을 주어야 한다고 하였다. 세 번째 단계는 모방기로서 호기심을 일으키기 위해서 모방물을 학습에 도입한다고 하였으며, 네 번째 단계는 상상기로서 상상을 자극하기 위하여 극화 요소를 학습에 도입할 수 있다고 하였다. 다섯 번째 단계는 표현 충동기로서 완전한 개념파악을 위해서 표현할 수 있는 모든 자유 형식의 교재를 도입한다고 하였다.

학습자의 올바른 개념 형성을 돕기 위해서 기초가 되는 감각적이고, 구체적인 경험이 제공되어야 한다. 언어는 학습자가 이미 습득한 행동과 의미가 직접 혹은 간접적으로 연관될 때 의미가 있다고 하였다. 킨더는 교수매체의 기능을 유아의 심리적 발달단계와 관계 지어서 연구하였다. 인지의 발달은 감각에서 시작하여 지각, 기억, 상상, 비교, 개념, 추리의 단계를 거친다고 하였다.

사고는 현실의 구체적인 경험에서 생긴 통합된 지각에 근거한 것이다. 본질적으로 개념적인 사고는 구체적인 감각 현실에서 이탈하거나 초월하여 형성될 수 없으므로 학습에 있어서 감각적이고 구체적인 경험을 도울 수 있는 교수매체가 긍정적인 역할을 한다고 보았다. 그의 학습의 단계와 인지활동의 모형은 다음의 |그림 10-4|와 같다.

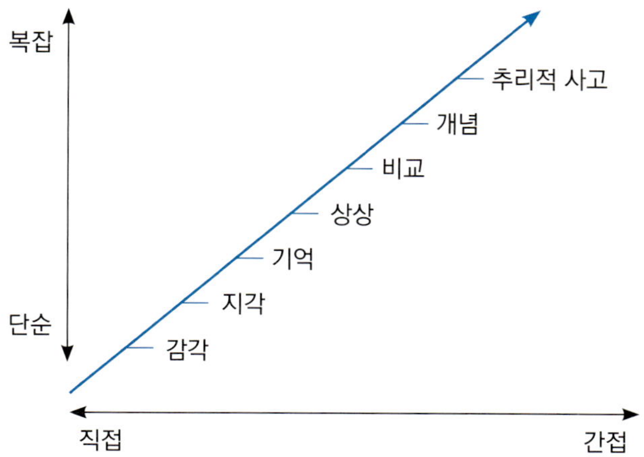

|그림 10-4| 킨더의 인지활동의 과정

Part

4 영유아 교수학습을 위한 교수매체의 종류별 특성

chapter 11

전통매체 및 인쇄매체

1. 그림 자료

그림 자료는 언어보다 생생하고 신속하게 의미를 전달할 수 있으며, 유아들의 시선을 고정시켜 주의 집중력을 높일 수 있는 매체이다. 유아교육 현장에서 교육활동 자료로 가장 많이 사용되고 있는 매체이다. 유아기 발달의 특성상 언어만으로는 이해가 어려우므로 가장 필요한 자료이기도 하다.

1) 그림 자료의 특성

(1) 장점

- 만들기가 비교적 쉽다. 직접 그리거나 화보, 그림, 잡지 등을 이용할 수도 있으며, 사진을 찍어 사용할 수도 있다.
- 자료 제시에 특별한 기구나 도구가 필요하지 않아 간편하게 사용 가능하다.
- 유아교육 현장에서 필요한 자료를 쉽게 구할 수 있다.

(2) 제한점

- 동작의 움직임을 볼 수 없는 제한점이 있다. 유아를 대상으로 하는 교수매체의 가장 큰 조건은 유아의 주의 집중과 호기심을 이끌어 내어 동기 유발

에 좋은 매체여야 하는데, 그림 자료의 경우 동작의 움직임을 볼 수 없는 특성으로 인해 유아들의 주의 집중이 오래 가지 못할 수도 있다.

- 그림 자료는 자료 크기의 제한이 있으므로 많은 유아들에게 제시해야 하는 대집단 활동에는 적합하지 않다.

2) 그림 자료의 제작 및 활용

(1) 정간법

요즘은 컴퓨터의 활용으로 다양한 그림을 원하는 크기대로 축소하거나 확대할 수 있다. 그러나 유아에게 제시하려는 그림이 여러 가지 복잡한 그림들 속에 있거나 두꺼운 책에 있는 경우에는 정간법(grid drawing)을 이용하여 그림을 그릴 수 있다.

- 그리고자 하는 원형 그림을 그린다.
- 환히 비치는 종이 위에 바둑판무늬를 그린 후, 원형 그림 위에 올려놓는다.
- 원형 그림을 보면서 바둑판무늬를 맞추어 가며 그대로 옮겨 그린다.

원본 그림을 축소하거나 확대하고자 하는 경우 바둑판무늬의 비율을 조정하는 방법을 사용하면 된다. 원본 그림과 같은 크기의 그림을 그릴 때는 원본 그림의 바둑판무늬와 같은 비율로 바둑판무늬를 그리면 된다. 축소하고자 할 때에는 바둑판무늬를 작게 그리고, 확대하고자 할 때에는 비례에 맞추어 확대하여 바둑판무늬를 그린다.

(2) 부분적으로 움직이는 그림 자료

그림 자료의 가장 큰 단점인 동작의 움직임을 볼 수 없다는 제한점을 보완하는 방법으로 그림 자료의 일부분을 움직이게 제작하는 방법이 있다.

① 낚싯줄을 이용하는 방법

- 평면 그림 자료를 제작하여 그린다.
- 그림의 내용 중 동작의 움직임을 주고자 하는 부분 그림을 따로 제작하여 낚싯줄에 붙인다.
- 움직임을 주고자 하는 시작점과 끝점에 송곳으로 구멍을 낸다.
- 구멍에 낚싯줄을 넣은 후, 그림 자료 뒷면에서 묶는다.
- 그림 자료 뒷면에 손잡이를 만들어 준다.
- 자료 뒷면의 낚싯줄을 잡아당기거나 밀면 부분적으로 움직이는 자료가 된다.

움직이는 동선의 길이가 긴 내용에 사용하면 좋다. 예를 들면, 해와 달의 동화를 그림 자료로 제작하였다면, 마지막에 남매가 동아줄을 타고 하늘로 올라가는 장면에서 나무 위에서 하늘로 올라가도록 움직이는 효과를 줄 수 있다. 이때 남매를 부분 그림으로 따로 제작하고, 나무에서 하늘까지 낚싯줄을 이어서 당기면 마치 남매가 하늘로 올라가는 것 같은 효과를 낼 수 있다.

② **할핀을 이용하는 방법**

- 평면 그림 자료를 제작하여 그린다.
- 그림의 내용 중 동작의 움직임을 주고자 하는 부분 그림을 따로 제작한다.
- 부분 그림을 바탕 그림 위에 올려놓고 송곳으로 할핀이 들어갈 수 있도록 구멍을 낸다.
- 구멍으로 할핀을 끼워넣는다.

이 방법은 비교적 움직임이 적은 부분 그림에 사용하면 좋다. 예를 들면, 흥부와 놀부의 그림 동화 장면에서 흥부와 흥부의 부인이 마주 앉아 박을 타는 모습 중, 톱을 따로 제작하여 가운데에 할핀을 꽂아주면 마치 번갈아 박을 타는 듯한 모습을 보여줄 수 있다.

③ **칼집을 이용하는 방법**

- 평면 그림 자료를 제작하여 그린다.
- 그림의 내용 중 동작의 움직임을 주고자 하는 부분 그림을 따로 제작한다.
- 움직이고자 하는 거리만큼 칼집을 낸다.
- 움직임을 주고자 하는 부분 그림 뒤에 손잡이를 부착하고 칼집 속으로 넣는다.

이 방법은 비교적 동선 거리가 멀거나 곡선의 움직임을 보여주고자 할 때 용이하게 쓸 수 있는 방법이다. 예를 들어, 교통기관에 대한 이야기 나누기에서 길을 따라 달리는 교통기관들의 모습을 표현하거나, 배가 바다 위에 떠서 둥실둥실거리는 모습을 곡선, 수평선을 따라 표현할 수 있다.

④ 자석을 이용하는 방법

- 평면 그림 자료를 제작하여 그린다.
- 그림의 내용 중 동작의 움직임을 주고자 하는 부분 그림을 따로 제작한다.
- 부분 그림 뒤에 자석을 붙이고 기본 그림판 뒤에서 자석을 이용하여 부분 그림을 움직여 주면 동작의 움직임을 표현할 수 있다.

이 방법은 부분 그림이 기본 평면 그림 위에서 자유롭게 움직이는 모습을 보여주고자 할 때 사용할 수 있는 방법이다. 예를 들어, 봄날에 꽃을 찾아 이리저리 날아다니는 나비나 벌의 모습을 보여주고자 할 때, 나비나 벌을 따로 제작하고 그림 뒤에 자석을 부착한다. 바탕 그림 뒤에서 교사가 자석을 가지고 부분 그림에 맞추어 그림 어디든지 움직임을 표현할 수 있다.

3) 그림 동화

그림 자료 중 교육현장에서 가장 많이 사용하는 것이 그림 동화일 것이다. 매일의 유치원 일과 중에 유아들은 동화를 꼭 접하게 되고, 대부분의 동화들이 그림 자료로 제작된다. 가장 대표적인 그림 동화의 종류들을 살펴보고자 한다.

(1) 낱장 동화

- 동화 내용에 따라 적절한 그림 내용과 매수를 결정한다.
- 마닐라지와 같은 두꺼운 종이에 40명 정도의 유아가 볼 수 있는 크기로 그림을 그린다.
- 전체 낱장 그림 중 몇 장에는 주의 집중 효과를 높이기 위해 동화의 내용에 맞춰 움직이는 그림 자료를 제작하는 것도 바람직하다.
- 마닐라지 뒷면에는 동화의 내용이나 지문을 적는다. 교사가 보는 입장에서 구연을 해야 하므로 동화의 내용은 한 장씩 앞서서 적어야 하는 것에 유의해야 한다. 즉, 첫째 장면의 뒷면에는 둘째 장면의 내용을, 맨 앞 장면의 내용은 맨 뒷장에 적어야 한다.

(2) TV 동화

TV는 누구나 좋아하는 생활용품으로, 특히 유아에게는 매일의 생활 속에서 접하게 되는 것 중의 하나이며 선호하는 매체이다. 따라서 유아들에게 유익한 동화를 TV로 꾸민 동화의 형식으로 들려주면 유아들에게 더욱 의미가 잘 전달될 것이다.

- TV 틀을 제작한다. 나무나 하드보드지, 두꺼운 상자를 이용하여 제작한다. 상자의 넓고 평평한 부분을 이용하여 화면을 잘라내어 TV 화면의 효과를 내고, 상자의 위 양쪽 끝에 구멍을 내어 원기둥 막대 2개를 준비한다.
- 한 화면에 한 장의 그림 분량이 들어가도록 그림을 그린다. TV 동화는 한 장 한 장의 그림이 긴 종이에 연결되도록 제작하여야 한다. 대사나 지문은 각 장에 해당하는 내용을 그 장에 적는다.
- 2개의 원기둥 막대에 그림의 앞부분과 뒷부분을 테이프로 고정하여 붙이고, TV 틀 속에 꽂는다.

(3) 원판 동화

두 장의 원판을 이용하여 그림을 그린 후 돌려가면서 동화를 들려주는 방법이다. TV 동화보다 비교적 단순하고 간단한 이야기의 동화나 이야기 나누기 자료로 사용될 수 있다.

① 마닐라지에 지름 30cm 이상의 원판을 두 장 그려 오린다.
② 원판 한 장을 6~8등분하여 동화의 내용을 그린다.
③ 남은 한 장은 앞장이 되는데, 1/6~1/8의 부채꼴 모양을 오려내고 나머지 넓은 부분에는 동화의 제목이나 반복되는 주인공의 인물 등을 그린다.
④ 두 장을 겹쳐 가운데를 할핀으로 고정한다.

⑤ 원판의 뒷면을 돌려가며 오려진 앞부분에 해당하는 동화 내용의 그림이 나오도록 조작하여 동화를 들려준다.

2. 융판 자료

융판 자료는 융과 융이 달라붙는 원리를 이용하여 만들어 낸 교육자료로서, 융판에 융판 자료를 붙이며 사용하는 것이다. 이때 융판이란 베니어 판이나 하드보드에 융을 덮어 씌워 만든 판을 말하며, 펠트 보드(felt board), 플란넬 그래프(flannel graph), 또는 플란넬 보드(flannel board)라고 한다. 일반적으로 융판 자료라 할 때는 융판과 융판에 붙이는 교재물을 모두 포함해서 말한다.

유아교육 현장에서 가장 많이 사용되는 교육자료 중 하나이고, 시중에 융판용 교재가 많이 나와 있어 쉽게 구입하여 활용할 수 있는 교재이다.

1) 융판 자료의 특성

(1) 장점

- 만들기가 쉽고, 사용하기도 쉬우며, 운반이나 보관이 간편하다.
- 자료를 붙였다 떼었다 하면서 교육내용을 제시할 수 있기 때문에 주의 집중에 용이하다.
- 개별학습은 물론 집단을 대상으로 하는 모든 교육내용에 사용할 수 있다.

(2) 제한점

- 섬세한 설명에 부적합하다. 낱장의 그림을 제한된 융판에 붙여가며 학습을 전개하기 때문에 세세한 설명이 필요한 학습내용에는 부적합하다.
- 배경 묘사가 제한적이다.

• 등장인물의 수가 많거나 복잡하게 구성된 이야기를 융판 자료로 제시하는 것은 부적절하다.

2) 융판 자료의 제작 및 활용

(1) 융판 만들기

유아교육기관에서 보통 사용할 수 있는 융판의 크기는 60cm×45cm 또는 60cm×90cm 등이며, 개별적 자료로는 더 작은 것도 있다. 융판의 크기는 유아의 수에 따라 결정된다. 융판의 자료로는 나무판, 하드보드판 등이 사용된다. 나무를 사용하여야 하는 경우는 가벼운 나무를 사용하여야 쉽게 운반이 가능하다.

① 융판의 크기는 대상 집단의 크기에 따라 다르지만 일반적으로 60cm×90cm가 적당하다.

② 원하는 크기의 하드보드판이나 나무판보다 융이나 부직포를 크게 자른다. 이때 배경이 되는 융이나 부직포는 융판 자료가 잘 표현될 수 있는 색깔을 선택하여야 한다.

③ 자른 융이나 부직포로 하드보드판을 감싸 가면서 본드로 뒷마무리를 하고 햇볕에 말린다.

(2) 융판 자료 만들기

① 그림으로 나타낼 등장인물과 배경 등을 선정한다.

② 마닐라지나 부직포 등에 그리고자 하는 그림을 그려 오린다.

③ 오린 그림 뒷면에 모래 종이나 벨크로테이프를 붙인다.

(3) 융판 자료 활용 시의 유의점

- 융판의 높이가 유아의 눈높이와 같도록 하며 유아는 융판 폭 길이의 2~3배 정도의 거리만큼 떨어져 앉게 한다.
- 제시한 내용을 어디에서나 누구나 잘 볼 수 있게 실내 밝기 및 교사의 제시 위치를 고려하여야 한다.
- 제시하는 자료의 크기는 유아교육기관에서 사용할 경우 자료 하나의 길이가 최소한 14cm 정도는 되어야 한다.
- 제시 전에 제시할 자료는 순서대로 잘 정리해 두어야 한다.
- 한 번에 너무 많은 종류의 자료를 제시하는 것은 좋지 않다.
- 내용을 유아가 즉시 이해할 수 있도록 간단명료하게 제시한다.
- 색의 조화를 고려하면서 자료를 융판에 배열하고 제시한다.
- 융판 자료는 잘 보관하면 얼마든지 반복 활용이 가능하므로 한 번 사용한 후에는 철저히 보관하여 필요할 때 쉽게 활용할 수 있도록 한다.

3. 자석 자료

자석판과 자석 자료의 뒷면에 붙인 자석 자료를 함석이나 또는 자력이 통하는 하드보드지, 아크릴 등에 천이나 종이 등을 씌운 자석판 등을 이용하여 제시하는 자료로, 자석에 붙는 성질이나 자력이 통하는 성질을 이용하여 만든 것이다.

1) 자석 자료의 특성

- **움직이는 자료로 활용할 수 있다.** 자석 자료는 자석판에 붙인 채 밀어서 이동시킬 수 있으므로 움직임의 효과를 낼 수 있다(예 새가 날아가는 동작, 스케이트를 탈 때의 미끄러지는 듯한 동작).
- **여러 자석 자료들을 서로 겹쳐서 사용할 수 있다.** 자석의 붙는 성질을 이용하여 자석 자료를 서로 겹쳐서 붙일 수 있다(예 새끼 원숭이를 등에 업은 엄마 원숭이가 뛰어가는 모습).
- **전체 배경 묘사가 가능하다.** 얇은 종이에 전체 배경을 그려서 자석판에 붙인 후 자석 자료를 붙여가며 이야기를 들려줄 수 있다. 융판의 한 면에 함석판을 넣어 만든 삼각 자석판, 평면 자석판, 원통 자석판, 부분 자석판, 수직·수평 자석판 등이 있으며 활용 목적에 맞게 선택할 수 있다.
- **주의 집중을 도울 수 있다.** 자석이 지닌 과학적 특성으로 인하여 자료에 주의를 집중하게 되므로 다양한 교육활동에 적용할 수 있으며 따라서 교육적 효과를 높일 수 있다.

2) 자석 자료의 제작 및 활용

(1) 자석판

- 삼각 자석판 : 융판의 한 면에 함석판을 넣어 만든다.

- **아크릴 자석판** : 색 시트지나 색지 등을 이용하여 아크릴판에 배경을 꾸며서 활용한다.
- **원통형 자석판** : 자석이 붙는 철판이나 함석의 재질로 된 분유통, 케첩통 등을 이용하여 만들 수 있다. 원통형 자석판은 개인 또는 2~3명의 유아들이 이야기 꾸미기나 게임 활동 등에 사용할 수 있다.
- **부분 자석판** : 자석의 붙는 성질을 이용하여 만드는 것으로 자석 자료의 일부만 이동시키거나 붙이고자 할 때 활용한다.
- **하드보드 자석판** : 아크릴과 마찬가지로 자력을 통과하는 특성을 이용하는 것으로 아크릴에 비해 어항 모양, 비행기 모양 등의 다양한 형태로 잘라 제작할 수 있다.

(2) 자석 자료

자석 자료는 단면 자료와 입체 자료로 구분하여 제작할 수 있다. 삼각 자석판, 원통형 자석판, 수직 아크릴 자석판, 수직 하드보드 자석판에는 단면 자료를 활용할 수 있고, 수평 아크릴 자석판, 수평 하드보드 자석판에는 입체 자료를 활용할 수 있다.

① 단면 자석 자료

그림 자료 뒷면에 둥근 자석이나 고무 자석을 붙이는 방법, 부직포로 자료를 만든 후 그 자료 안에 자석을 넣고 뺄 수 있도록 하는 방법이 있다. 고무 자석은 가위로 자를 수 있는 성질이 있어 원하는 모양과 크기로 잘라 사용할 수 있다.

② 입체 자석 자료

입체 자석 자료는 평면 그림 자료를 풀 뚜껑, 필름통 또는 삼각대에 붙이거나 동물, 자동차, 사람, 나비 등의 모형물의 밑에 직접 자석을 붙여서 만들 수 있다. 자석의 극 방향이 자석 자료와 반대 극이 되도록 붙여야 움직이려는 자료들을 원하는 방향으로 조작이 가능하다.

3) 자석 자료 활용 시의 유의점

- 자석의 극에 유의한다. 서로 겹쳐서 붙여야 하는 경우에 서로 다른 극끼리 맞붙게 제작해야 자료들이 서로 밀어내어 붙지 않는 일이 없다.
- 자석 자료의 무게에 유의한다. 자석 자료가 너무 무겁거나 자료의 중앙에 자석이 제대로 붙지 않은 경우에 자석판에서 자석 자료가 흘러내리거나 쉽게 떨어진다.
- 장기 보관할 자료인 경우에는 자석을 자료에서 떼어서 보관한다. 자석을 부착한 상태로 오래 보관하면 자력이 약해진다.
- 자석판의 높이는 유아의 눈높이와 같도록 위치를 정한다.
- 한꺼번에 너무 많은 자료를 제시하지 않도록 한다.
- 자석 자료를 붙이고 떼는 동작을 짧게 한다.

4. 게시판

게시판은 대부분의 유아교육기관에서 유용한 학습활동 자료로 사용되고 있다. 게시판은 유아 또는 부모에게 관심과 흥미를 갖게 하고 게시 내용을 교육적이고 효과적으로 전달하게 된다.

게시판은 전달하고자 하는 메시지를 시각적으로 흥미 있고 명확하게 제시하여 유아들의 관심을 끌고, 학습주제에 대한 동기 유발이나 관련 내용에 대한 지식과 정보를 풍부하게 해주는 중요한 매체이다.

지금까지 많은 유아교육기관에서는 교사가 주도적인 역할을 하여 내용을 전달하고 제작해 오면서 유아는 보는 역할만 해온 결과, 주변 환경을 수동적으로 받아들이는 경향이 적지 않았다. 그러므로 교사가 주도하는 게시판의 형태에서 벗어나 유아와 함께 공유할 수 있는 매체가 되기 위한 방법을 모색하는 것이 중요하다. 벽면에 부착된 게시판은 자주 게시물의 변화를 주어야 하며, 흥미영역을 구분 짓는 가리개나 분리대, 교구장 뒷면 등을 게시판의 목적으로 적극 활용할 수 있으며 동화를 읽고 그린 그림이나 책표지, 동시 등을 수시로 게시할 수 있도록 한다.

1) 게시판의 특성

- 전체 유아를 대상으로 공통되는 주제에 관하여 게시할 수 있으므로 동일한 정보를 제공할 수 있다.
- 정보나 지식에 관하여 효과적으로 주의를 집중시킬 수 있다.
- 게시 방법과 장소에 구애받지 않고 다양한 자료를 제시할 수 있다.
- 제시 내용을 계속적으로 변화시켜 가면서 게시판을 완성시킬 수 있다.

2) 게시판 활용 시의 유의점

- 게시판은 유아의 흥미를 유발할 수 있어야 한다.
- 각각의 게시할 자료의 내용은 하나의 주제로 연결되도록 한다.
- 게시 자료의 위치와 다양성을 고려해야 한다.
- 유아가 참여하고 활용하는 게시판이 되어야 한다.
- 미적 구성을 고려하여야 한다. 즉, 기본적인 디자인의 원리를 고려해야 한다.

- 배열 : 대부분 왼쪽 위부터 시선이 집중되는 경향이 있다. 그러므로 중요한 원칙은 도면을 삼등분하였을 때 1/3에 해당하는 부분, 특히 왼쪽 상단에서부터 중요한 사실을 전개해 나가는 것이 좋다.
- 색상 : 다양한 색을 사용한 게시판이 더 매력적이다.
- 균형 : 형식적 균형은 가운데 축을 중심으로 양쪽이 좌우 대칭이며 정적이다. 비형식적 균형은 가운데 축을 중심으로 양쪽이 다르며 각 요소들이 동적이며 디자인하는 사람의 창의력이 요구된다.

3) 게시판의 활용

① 유아용 게시판

유아용 게시판은 유아들이 능동적으로 참여하는 게시판이어야 한다. 게시판을 이용한 활동이 유아의 경험과 연결되고 확장, 심화되도록 하는 것이 좋다. 게시판의 내용물을 배치할 때도 유아와 함께 할 수 있다.

② 부모용 게시판

학부모에게 행사 일정이나 공지 사항을 알리고 유아교육과 관련된 교육내용의 안내나 도서 안내, 정보 교환용 인쇄물 등을 게시할 수 있으므로 부모교육의 한 방법으로 사용할 수 있다.

③ 기타

- 활동 표지판
- 하루 일과표
- 순서표

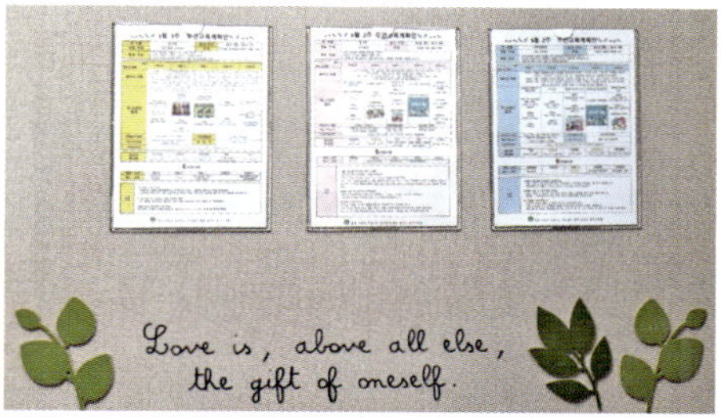

5. 인형 자료

인형은 그 자체로 유아들에게 무척 매력적이고 누구나 좋아하는 매체가 될 수 있다. 즉, 인형은 남녀를 가리지 않고 모든 유아들이 좋아하는 매체로 대부분의 유아들은 이미 다양한 인형에 대한 경험들을 가지고 있다. 또한 인형은 재미있고, 종합 예술이기 때문에 모든 학습의 내용을 통합하여 지도할 수 있다.

극놀이 도구로서 인형은 유아가 실제 생활을 재현해 보고, 실험해 보며, 탐색해 보는 활동의 중요한 매개체가 된다. 인형놀이를 하는 동안 무한한 상상력을 펼치고 시공간의 경계를 마음대로 넘어다니며 자기 힘의 한계를 넘는 일을 해내기도 한다.

또한 인형은 언어와 의사소통의 기능 학습을 성공적으로 이끌어 주고, 발음·듣기 기능·개념화·이중언어 교육·언어치료 등 다양한 영역에 적용이 가능하다.

유아는 종종 인형을 자신의 생활에서 중요한 인물과 동일시한다. 인형놀이를 통해 가족이나 친구, 교사 등 중요한 타인들이 자신을 어떻게 느끼고 있는지, 또 유아를 어떻게 대하고 있는지, 그리고 그들과의 감정의 느낌을 어떻게 생각하고 있는지를 정확하게 보여주기도 한다.

1) 인형 자료의 교육적 특성

- 친밀성이 주요한 특성이다. 사람은 누구나 인형을 가지고 노는 데 흥미를 가지고 있으며, 어릴 적에 인형을 안고 자장가를 부르며 어머니나 아버지의 흉내를 내며 사랑하는 것을 배운다.
- 실제 사람이 대사나 연기 동작을 두세 번 강조하여 되풀이할 경우 싫증이 나지만, 인형은 한 동작과 대사를 강조하여 되풀이해도 그 자체가 흥미롭다는 특성이 있다.
- 장치나 조명 등이 규모가 작아 이동하기 쉽고 간단한 인형은 유아가 손으로 만들 수도 있어 재연이 용이하다.
- 환상의 세계나 상상적인 세계를 표현하기 쉽고 소재도 다양하다.
- 인형이 표현할 수 있는 표정은 입, 눈, 눈썹, 수염 등이며, 피부로부터 나오는 표현은 어렵다. 그러므로 인형이 한 자리에서 긴 대사를 연기하는 것은 지루하다. 때문에 간결하고 리드미컬한 대사와 비약된 표현을 쓰는 것이 특징이다.

2) 인형을 통한 유아의 사회성 향상 방안

인형을 사용한 학습을 통해 유아들은 특정 사회적 갈등을 연기함으로써 개인과 대인 문제에 민감성을 높일 수 있다. 그리고 하나의 대안적 문제를 해결하기 위하여 행동으로 투입될 수 있는 다양한 대안들을 생각해 내는 대안적 해결 사고력을 증가시킬 수 있다. 또한 여러 가지 대안적 행동으로부터 초래된 결과를 예측할 수 있는 결과 예측 사고를 기를 수 있고, 한 사건과 다른 사건을 관련지을 수 있는 다음과 같은 인과적 사고가 길러질 수 있다(Smith, 1979).

① 문제에 대한 인식

인형과의 상호작용은 유아의 원인적 사고, 즉 시간의 경과에 따라 한 사건과 다른 사건을 관련시키는 능력을 발달시키도록 도울 수 있다. 예를 들면, 어떤 유아가 놀잇감을 가지고 놀고 있는데 다른 유아가 가까이 가자 화를 낸다면 왜 그런지에 대한 생각을 하게 하는 것이다.

② 대안적 해결 사고

다른 대인문제 해결 기술은 대안적인 해결 사고이다. 이러한 기술은 특별한 대인문제에 대한 가능한 한 많은 해결책들을 생각하는 능력이다. 예를 들어, 만약 유아가 다른 유아가 가지고 있는 놀잇감을 가지고 놀고 싶을 때 어떻게 하면 가지고 놀 수 있는지에 대한 해결책을 생각하는 능력이다.

③ 결과적 사고

대인행동을 수행할 때 일어날 일을 인식하는 능력은 결과적 사고이다. 예를 들어, 유아가 놀잇감을 가지고 있었는데 다른 유아가 와서 빼앗아 갔다면 이를 어떻게 해결할 것인지에 대한 생각이다.

④ 정서적 결과에 대한 인식

정서적 결과를 인식하는 것은 문제해결 기술의 또 다른 중요한 측면이다. 예를 들어, 유아와 교사와의 관계에서 갈등 상황을 유아와 교사가 인형으로 함께 이야기함으로써 감정을 나눌 수 있다.

3) 인형의 제작 및 활용

(1) 막대인형

가장 단순한 형태의 인형으로 인형 몸체에 막대를 연결하여 그 막대로 조종하는 것이다. 막대인형은 특히 나이 어린 유아들에게 적합하다.

막대인형은 막대기를 인형의 동체 속에 꿰뚫어 넣어 인형 받침대가 되게 하며, 두 다리를 늘어뜨리는 것이다. 막대인형극을 장대인형극이라고도 하는데,

막대기만을 쓰는 것이 아니고 철사 등 빳빳하고 작동시키기 편리한 철제 기구를 사용하기도 한다.

(2) 손가락 인형

손가락에 끼울 수 있는 크기로 인형을 만들어 손가락에 끼고 조작하는 인형이다. 각 손가락마다 다른 등장인물들을 끼울 수 있어 한 사람이 여러 역할을 해볼 수 있는 인형이다. 인형을 만드는 시간이 비교적 짧고 등장인물을 한 세트로 만들거나 가족 형태의 인물 유형을 만들어 극화놀이에 활용할 수 있다.

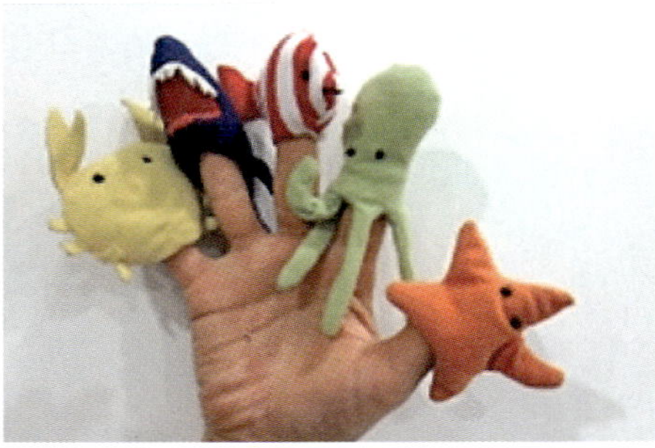

(3) 테이블 인형

종이에 원하는 그림을 그려 오린 후에 뒷면에 인형이 설 수 있는 받침대를 붙여서 만드는 인형이다. 테이블 인형은 간단한 배경그림 앞에서 인형들을 등·퇴장시키면서 이야기를 듣거나 표현해 보는 데 적합하다.

(4) 줄 인형

마리오네트(marionettes)라고도 하며 인형 위에서 줄이나 철사로 움직이는 인형이다. 인형극 중 가장 발달된 형태이고, 인형의 움직임을 통해 가장 생생한 실제 실물과 유사한 모양을 표현할 수 있으나 인형의 제작이 어렵고 조작에 오랜 숙련과 시간이 요구된다.

4) 인형극

인형극이란 배우 대신 사람이 인형을 조종하여 연극을 하는 드라마의 한 형태이다. 조형적 물체인 인형을 사람이 조작해서 연기하는 연극의 총칭으로, 인간극·가면극과 함께 연극의 가장 기본적인 세 형태 가운데 하나이다. 인형극은 만물에 영혼이 깃들어 있다고 생각하는 애니미즘적 사고나 샤머니즘적 주술을 바탕으로 하여, 각종 생산적인 행사나 축제 등에서 여러 가지 인형을 사용함으로써 발생하였다.

인형극은 연극에 비하여 말보다 행동에 의한 표현에 비중을 두며, 미술적 효과가 큰 역할을 한다. 또 풍부한 환상성 때문에 유아의 심리에 친숙하고 강렬하게 작용하는 특성이 있다.

6. 실물 자료

실물이란 실제로 있는 물체 그 자체가 유아교육의 교수매체가 되는 것을 말한다. 자전거를 주제로 학습이 진행되는 상황에서의 유아용 자전거 및 성인용 자전거 실물, 과일에 대한 주제를 진행할 때, 수박·딸기·바나나·사과 등의 과일, 강아지에 대한 주제를 진행할 때 유아교육기관 교실에 데려온 강아지 등 모든 다양한 실물들이 교수매체가 될 수 있다.

1) 실물 자료의 특성

- 실물은 유아에게 감각적인 경험을 제공한다. 시각적인 경험만이 아니라 촉각, 후각, 미각, 청각의 경험을 할 수 있다. 예를 들어, 잠자리를 그림 자료로 제시하면 시각적인 자극만을 주지만, 실물 잠자리는 입체적인 자극으로 오감에 자극을 제공한다.
- 유아에게 구체적인 경험을 제공한다. 실물을 직접 만져보고 맛보고 관찰하면서, 추상적이고 개념적인 사고가 아니라 현실적이고 직접적인 학습이 일어난다. 실물을 직접 조작하면서 스스로 원리를 발견할 수 있다. 예를 들어, 토끼에게 먹이를 주면서 토끼가 무엇을 잘 먹고, 어떤 것은 잘 먹지 않는지, 먹이를 줄 때 주의할 점은 무엇인지 등을 스스로 배우게 된다.
- 실물 자료를 교수매체로 제공하기에는 시간적·공간적인 제한을 받는다. 겨울에 여름에만 구할 수 있는 실물을 제시할 수 없고, 너무 거대하거나 비용이 많이 들거나 하여 도저히 교실에 옮겨 올 수 없는 실물이 많이 있다.

2) 실물 자료의 활용

유아교육에 이용할 실물은 수없이 많다. 진행되는 주제와 학습내용에 따라서 다양한 실물들이 제시될 때, 유아가 관찰하고 직접 조작해 보면서 정보를 얻고 지식을 구성해 나간다. 거의 대부분의 유아교육 활동 시간에 실물이 활용될 수 있지만 주로 많은 실물이 제시될 수 있는 활동들은 다음과 같다.

(1) 자유놀이 흥미영역

수 영역에서 수를 세고, 측정하고, 비교하는 데 실물이 이용된다. 예를 들면, 사탕, 초콜릿, 과자, 바둑알, 조개껍데기, 돌, 솔방울, 각종 나무 열매, 저울, 자 등이 활용될 수 있다. 과학영역에는 관찰을 위해서 다양한 동식물 기르기, 각종 기계와 도구, 자석, 현미경, 볼록렌즈 등이 제공될 수 있다. 역할놀이 영역에는 여러 종류의 옷, 신발, 가방 등이 활용되고, 음률영역에는 피아노를 비롯하여 여러 가지 종류의 다양한 악기들을 제공할 수 있다.

(2) 집단활동

대집단으로 이야기 나누기를 할 때, 노래를 배울 때, 신체 표현을 할 때 등 집단활동에서 실물을 사용하면 더욱 관심이 집중되고, 실제적인 경험을 통해 효과적인 학습이 이루어질 수 있다.

(3) 견학

유아들이 교육기관 내에서 경험할 수 있는 실물에는 제한이 있다. 이에 진행되고 있는 주제와 관련 있는 장소를 찾아가 여러 가지 다양한 실물들을 관찰하고, 경험하는 활동을 하게 된다. 박물관 견학, 농장 체험, 동물원 견학, 교통공원 견학, 놀이공원 소풍, 민속촌 견학, 관공서 방문 등은 모두 실물을 활용하는 활동의 예이다.

3) 실물 활용 시의 유의점

- 실물 활용이 가장 효과적이라고 판단될 때 적용한다. 실물이 위험하거나 분위기를 산만하게 만든다면 다른 매체를 이용하는 것이 바람직하다.
- 실물을 제시하는 데 계획성과 아이디어가 필요하다. 단순하게 늘어놓기보다는 실물에 어울리는 환경을 구성하여 제시하고, 자세히 관찰할 수 있도록 관련 도구와 설명을 제공해 주는 것이 효과적이다.
- 동·식물을 직접 경험하게 될 때는 필히 사랑하는 마음을 지닐 수 있도록 교육하는 것이 최우선이 되어야 한다. 동·식물이 단순히 호기심의 대상이 되어서는 안 된다. 현실적으로 교실 안의 금붕어, 사육장의 토끼 등이 유아들의 적절하지 못한 행동으로 인해 스트레스를 받는 경우가 종종 있다.

7. 표 본

표본(specimen)이란 실물의 모습을 그대로 유지하도록 인위적인 가공을 하여 보관해 놓은 것이다. 식물 표본, 동물 표본, 곤충 표본, 광물 표본 등이 있다.

1) 표본 자료의 특성

- 표본이 된 곤충, 식물들의 서식지에 직접 가지 않고도 실제의 모습을 자세히 관찰할 수 있다.
- 장기간의 관찰이 가능하다. 약물 처리를 하여 가공된 것이므로 오랫동안 보관이 가능하다.
- 입체적인 매체로서의 학습효과가 있다. 거의 실물과 같은 모습이므로 그림이나 사진보다는 입체적으로 관찰할 수 있다.
- 한 종류에 대한 비교가 가능하다. 표본으로 만들어진 나비류, 조개껍데기류, 우표 등은 유사점과 차이점들을 살펴보는 데 좋은 매체가 된다.
- 사실적인 느낌이 적다. 현장을 떠나 형체만 유지하고 있으므로 사실적인 느낌이 적다.
- 움직임을 볼 수가 없다. 살아 있는 물체가 아니므로 움직임을 관찰할 수 없다.

2) 표본 자료의 활용

집단활동이나 개별활동에 다양한 실물 표본들이 유아에게 관찰 자료로 제공될 수 있다. 이미 만들어져 있는 세계 여러 나라의 다양한 화폐와 동전들, 다양한 우표들, 여러 가지 다양한 꽃잎 등이 관찰 자료로 제시될 수 있다. 또 유아들이 직접 수집한 씨앗, 조개껍데기, 나뭇잎, 돌 등을 표본으로 만들어서 관찰 자료로 제시할 수 있다.

8. 모 형

모형(model)이란 실물에 대한 하나의 모델이 되도록 인위적으로 만든 것이다. 보통 구조는 같으나 크기는 다르게 만들어진다. 실물이 너무 크거나 작은 것, 위험한 것, 현존하지 않는 것 등을 모형으로 만들어 교육에 활용할 수 있다. 곤충, 어류, 동물, 과일, 식물 등의 모든 생물과 유물, 교통기관 등의 무생물에 이르는 모든 물체에 대한 모형이 유아교육에 유용하게 활용된다.

1) 모형 자료의 특성

- 실물보다는 못하지만 그림 자료보다는 깊이와 부피감 등을 제공할 수 있다. 대부분 실물을 그대로 축소하거나 확대하였기에 그림보다는 실물의 느낌을 어느 정도 전달할 수 있다.
- 모형은 다루기가 쉽고 간편하다. 실물은 너무 크거나 위험하여 만져볼 수 없는 경우도 있지만, 모형은 손으로 만지기에 적당한 크기이고 위험하지 않으며 깨질 위험이 적다.
- 시간과 공간의 제약을 받지 않는다. 현존하지 않는 공룡의 모형이나 옛날 가옥의 모형, 그리고 밀림 지대의 동물 등에 대한 모형이 제공될 수 있다.

- 원하는 부분을 자세하게 관찰할 수 있다. 자동차 엔진의 구조, 비행기 내부 모습, 신체 내부의 뼈나 내장의 구조, 치아, 뇌의 구조 등은 모형으로 보는 것이 효과적이다.
- 보관이 편리하다. 잃어버리지만 않는다면 훼손되거나 상할 위험이 거의 없어 반영구적으로 사용할 수 있다.
- 실물의 특성을 있는 그대로 학습해야 하는 경우에는 부적절하다. 유아에게 혼동을 줄 수 있다.
- 제작이 쉽지 않다. 교사가 직접 제작하기 어렵고, 대부분 구입해야 하며 잘 만들어진 모형을 구하는 것도 어렵다.

2) 모형 자료의 활용

(1) 자유놀이 흥미영역

수 영역에 수를 세거나 비교하는 데 활용되는 모형들, 언어영역에 글자 공부를 위해 제공되는 실물 모형들, 역할놀이 영역에 여러 가지 사람 모형들, 가정용품 모형들, 블록영역에 제공되는 교통기관 모형, 건물 모형 등 다양한 모형들이 모든 영역에서 활용된다.

(2) 집단활동

이야기 나누기 자료로 실물이 없는 경우, 그림이나 사진보다 모형이 준비되면 효과적인 교수 자료가 될 수 있다. 새 노래를 배우는 시간에는 모형을 이용하여 노랫말을 설명해 줄 수 있다.

9. 그림책

그림책은 글과 그림의 비중이 비슷하거나 그림의 비중이 글보다 훨씬 많은 책을 의미한다. 유아 혼자서 읽기도 하고 교사나 주변의 어른이 읽어주는 이야기를 들으면서 언어의 소리에 의지하여 그림을 보며 이미지화에 의존하는 다감각적 경험 방식의 매체이며, 이야기의 내용이 그림으로 표현되어 유아가 감각적으로 내용을 이해하도록 만들어진 인쇄된 형태의 교수매체이다.

1) 그림책의 개념

그림책은 글과 그림이 상호보완하며 통합적으로 이야기를 전달하는 고유한 특성을 가지고 있으며, 이야기의 내용을 귀로 들으며 소리에 의존하고, 눈으로 그림을 보면서 이미지화에 의존한다. 또한 그림으로 표현하기 힘든 부분은 글로 표현하고, 글로 표현하기 어려운 부분은 그림으로 표현해 냄으로써 글과 그림이 상호 간에 조화를 이루어 하나의 이야기 세계를 만들어 낸다(이경우 외, 1997).

2) 그림책의 가치

- 그림책은 유아의 정서를 풍부하게 해줄 뿐 아니라 상상력을 자극한다.
- 그림책은 유아에게 즐거움을 제공하며 독서에 대한 태도를 결정짓는다.
- 그림책을 통해 정서, 인지, 사회성 발달 등 유아의 전인적인 발달에 도움을 준다.
- 그림책은 간접 경험의 폭을 넓혀주어 미지의 세계에 대해 창의적 통찰을 할 수 있도록 돕는다.
- 그림책을 통해 다양한 어휘를 확장할 기회를 갖고 자연스러운 언어체득 과정을 겪게 된다.
- 그림이 독특하고 내용이 풍부한 그림책을 보는 동안 총체적으로 대응하고, 상상하고, 자연스럽게 문자를 인식한다(이경우, 2001).
- 그림책을 통해 유아는 자신의 주변 세계와 이웃들에 대한 이해를 할 수 있게 한다.
- 유아가 예술적 경험을 할 수 있도록 돕고 감상의 기회를 갖게 함으로써 다양한 감각을 기를 수 있다.

3) 교사가 유아들에게 그림책을 읽어줄 때의 지침(이우영, 2006)

- 유아의 흥미나 주의집중 시간 등을 고려하여 그림책을 선정한다.
- 유아에게 책을 읽어주기 전에 교사가 미리 읽어보고 어떤 방식으로 읽어줄 것인지 준비한다.
- 유아들과 함께 표지를 살펴보며 어떤 이야기가 담겨 있는지 미리 예측해 보도록 한다. 제목이나 저자, 출판사 등 책의 표지에 있는 정보들에 대해 이야기를 나눈다.
- 유아와 눈을 맞추면서 등장인물과 책의 분위기에 적절한 언어로 책을 읽어 준다. 지나친 언어적 기교, 과장된 제스처 등은 사용하지 않는다.

- 그림책을 읽을 때의 여러 가지 반응, 즉 질문, 흉내 내기, 평가 등의 반응에 대해 수용적이어야 한다.
- 책을 읽어준 후, 개방적인 질문을 통하여 책의 내용을 다시 생각해 보도록 하며, 반드시 그 책을 도서영역에 비치해 두고 후속활동을 제공하는 것이 효과적이다.

chapter 12

투사매체 및 대량전달매체

1. OHP(Overhead Projector)

1) OHP의 특징

OHP(Overhead Projector)는 교육현장에서 흔히 사용되는 매체 중의 하나로 투시물 환등기를 말하는 것이다. 특징을 구체적으로 살펴보면 다음과 같다.

- OHP는 암막 장치가 되어 있지 않은 밝은 교실에서도 사용이 가능하여 영유아들이 보고, 듣고, 쓰는 일에 구애를 받지 않는다.
- 교사가 유아의 반응을 살피면서 대면 학습을 할 수 있다. 기계를 조작하는 교사의 위치가 유아와 마주 보는 상태로 가능하다.
- TP(Trans-Parency, 투시 자료)의 제작이 비교적 쉽고, 활용도 간편하여 필요에 따라 교사가 직접 내용을 그리거나 써 넣으면서 수업에 효율적으로 이용할 수 있다.
- TP의 투명한 점을 이용하여 색채 효과나 움직임의 표현, 실물의 윤곽 투영도 가능하며 관찰학습의 도구로도 활용할 수 있다. 겹치기 기법을 이용하여 전체와 부분의 효과, 가리기 기법을 사용하여 시간적 경과 등을 표현하는 것이 가능하다는 특징이 있다.

• 기계의 조작과 자료의 제시가 간편하다.

2) OHP의 조작

① OHP를 적당한 위치에 두고 전원을 연결한다.
② 전원 스위치를 켠다.
③ 자료 제시판에 투시 자료를 놓고 초점 조절 나사를 움직여서 초점이 잘 잡힌 화면이 스크린에 투시되도록 조절한다.
④ 헤드렌즈를 움직여서 화면의 위치 및 높이를 조절한다.
⑤ 정확한 화면이 출력되도록 기계를 미리 조작해 두고 활동이 시작될 때 OHP를 켠다.

3) TP 자료의 제작

유아교육기관에서 투시 자료를 제작하는 방법은 아세테이트지에 직접 손으로 그리는 법, 복사기를 이용하는 방법, 컴퓨터를 이용하는 방법 등이 있다.

① 손으로 그리는 방법

원하는 그림을 직접 아세테이트지에 그린다. 직접 그리는 경우에는 아세테이트지에 손자국이 나지 않도록 깨끗한 종이를 대고 그리는 것이 좋다. 필요한 부분에 유성 매직으로 칠하거나 투명 컬러 접착색지를 붙인다. 완성된 자료는 OHP용 마운팅지에 붙이고 제목을 적는다.

② 복사기를 이용하는 방법

보여주고자 하는 그림을 필름에 복사해서 자료를 만드는 방법이다. 손으로 그리는 것보다 빠르고 정확하게 만들 수 있다. 그림 동화를 대집단으로 들려주고자 할 때, 이러한 방법으로 TP 자료를 만들 수 있다.

③ 컴퓨터를 이용하는 방법

컴퓨터용 OHP 필름을 사용하여 별도로 그리거나 색칠하는 시간 없이 제작할 수 있다. 제작하고자 하는 의도와 사용자의 컴퓨터 사용 능력에 따라 다양한 방법으로 자료를 제작할 수 있다. 스캐너와 디지털 카메라를 이용하여 원하는 그림이나 사진을 투시 자료로 제작할 수 있으며, 워드프로세서, 컴퓨터 그래픽용 소프트웨어, 파워포인트 등을 이용하여 다양하게 만들 수 있다.

4) OHP의 활용

- TP 그림 동화로 사용된다. 컬러 펜으로 동화의 내용을 그려서, 한 장씩 스크린에 투영하면서 동화를 들려준다. 배경이 같은 장면일 경우에는 다음 그림을 겹쳐서 제시할 수 있다. 그림 동화에 비해 색다른 분위기를 형성할 수 있어 유아들의 주의 집중이 용이하며 비디오나 슬라이드에 비해 동화 제작이 쉽고 교사가 유아들의 반응을 살피며 동화를 진행시킬 수 있어서 편리하다.
- 관찰학습에 활용될 수 있다. 과학영역에서의 활동들, 예를 들어 물감 혼합에 대한 실험, 작고 미세한 물체의 관찰, 철가루의 자석에 의한 움직임 등을 관찰할 때 사용된다.
- 순서 또는 과정을 학습하는 데 이용된다. TP를 겹쳐서 제시하면서 일정한 순서나 과정을 지도할 수 있다. 순서를 하나하나 삽입하거나 지우면서 내용을 제시할 수 있다. 각종 교구의 사용 방법을 알려주거나 요리의 순서, 실험의 절차 등을 효과적으로 설명할 수 있다.
- 투명한 점을 이용하여 시계의 움직임, 톱니바퀴의 맞물림, 물레방아나 풍차의 원리 등을 설명하기에 적합하다.
- 환경 꾸미기에 활용할 수 있다.

2. 실물 화상기

1) 실물 화상기의 특징

불투명한 자료와 투시 자료를 모두 TV에 확대하여 보여줄 수 있는 영상 시각 매체이다. 나뭇잎, 조개껍데기, 잠자리 날개, 작은 우표, 사진, 동화책 등의 불투명한 자료나 슬라이드 자료와 오버헤드 자료 등의 투시용 자료 모두 사용이 가능하다. 특징을 나열하면 다음과 같다.

- 실물을 그대로 사용하므로 자료 준비 시간이 적고, 사용이 편리하다. 주변에서 쉽게 구입하거나 수집한 것을 활용할 수 있어서 자료를 제작하는 데 시간이 필요 없고, 자료를 구입하는 비용도 들지 않는다.
- 넓은 장소에서도 편리하게 사용할 수 있다. TV 화면을 이용하므로 편리하고, 대형 TV를 이용하면 대집단에서도 활용이 가능하다.
- 조작이 간편하다. 실물 화상기의 버튼을 누르고 자료 제시대 위에 물체를 올려놓으면 되므로 기기를 다루기가 쉽다.
- 작은 물체를 TV 화면 크기로 확대하여 자세하게 볼 수 있다.
- 유아를 정면으로 보면서 수업할 수 있어 유아의 반응을 파악하기가 용이하다.

2) 실물 화상기의 조작

① TV와 실물 화상기의 전원을 각각 연결한다.
② 실물 화상기와 TV를 영상 입력 단자로 연결한다.
③ TV를 켠다.
④ 실물 화상기의 전원 스위치를 켠다.
⑤ 자료를 놓고 렌즈가 자료를 비추도록 한다.

⑥ 초점 조절 렌즈 버튼을 이용하여 원하는 크기의 화면이 되도록 조정한다. 원하는 크기가 되면 초점을 맞춘다.

3) 실물 화상기의 활용

실물 화상기는 이야기 나누기의 자료 제시, 집단으로 그림 동화 들려주기, 그림 감상하기, 유아의 작품 소개하기 등에 유용하게 활용될 수 있다.

실물 화상기를 활용할 때 주의할 점은 다음과 같다.

- TV 화면과 유아의 거리가 적절한지 점검한다. TV 화면의 크기가 대상 유아의 집단 크기에 적절한지 확인한다.
- 자료를 어떻게 제시할 것인지를 검토한다. 유아들에게는 실물을 직접 오감으로 경험하는 것이 효과적이므로 실물 탐색이 가능하다면 직접 탐색하게 한다. 실물을 직접 탐색하는 것이 불가능한 대상인 경우에 실물 화상기를 활용하는 것으로 하며 자료 제시 및 자료 교체가 용이하고 신속할 수 있도록 미리 준비해 두어야 한다.

3. 라이트테이블

불투명한 아크릴 재질로 빛을 여과하기 때문에 OHP나 환등기에 비해 덜 자극적인 빛을 활용할 수 있다. 따라서 유아가 스크린 등의 화면에 간접적으로 투과하지 않고 사용할 수 있는 장점이 있고 다양한 맥락의 주제에 대해 지속적인 활동을 할 수 있는 공간을 형성해 준다. 유아들이 매우 즐겁게 다양한 재료를 탐색하는 곳으로 조형활동에서 자신들이 다루는 조형재료를 올려놓고 빛이 투과해서 만드는 재료의 특수성을 즐겁게 놀이하듯이 다루는 곳이다. 일상적인 사물을 빛을 통해서 보고, 사물에 대한 다양한 이미지를 갖게 함으로써 표상활동을 자극한다.

1) 라이트테이블의 활용

색의 혼합을 경험하거나, 검정 도화지에 구멍을 뚫어 빛 그림을 구성하기도 하며, 경우에 따라 소집단으로 점토와 철사를 사용하여 모형을 만드는 작업대로 이용하기도 한다. 색 셀로판지가 라이트테이블 위에서 나타내는 색은 놀라울 만큼 신기하고 재밌는 것이 되고 투명한 비닐종이에 그려지는 컬러매직의 색상은 라이트테이블에서 새로운 이미지를 보여준다.

2) 라이트테이블 활용의 예

- 과학적인 실험 및 조사
- 엑스레이 필름을 통한 인간이나 동물의 내부 관찰 및 조사
- 나뭇잎 형태 보기
- 빛을 이용한 구조물 관찰
- 샌드 아트
- 각종 전시물 전시 시 활용
- 그 외 라이트를 이용한 다양한 활동

4. 프로젝터

프로젝터(Projector)는 영상을 스크린에 투영하기 위한 장치이다. 프로젝터는 빛을 스크린에 투사하여 사용하는 방식으로 대형 화면을 구현할 수 있다는 장점이 있다. 암막이 가능하다면 화면을 좀 더 명확하고 안정적으로 제공할 수 있다. 유아용 안전교육이나 영상을 제공할 때 유용하게 사용할 수 있으나 영상 제공을 위한 스크린 설치가 따로 필요하고, 설치한 공간에서만 활용해야 하는 단점이 있다.

chapter 13

컴퓨터와 멀티미디어

1. 컴퓨터

컴퓨터는 시청각적 정보를 제공해 주며, 사용자와의 상호작용이 가능하여 학습의 흥미를 유발시킬 뿐만 아니라 다양한 매체들과 연결하여 활용될 수 있는 종합적인 매체로서 그 효용성이 매우 큰 매체라고 할 수 있다. 일체형 컴퓨터나 노트북은 공간을 적게 차지하고 이동이 용이하며 컴퓨터 주변기기(키보드, 마우스, 인터넷 기기 등)는 무선으로 연결하여 유아의 활동에 불편감을 주지 않는 안전한 환경을 구성한다.

유아들은 이미 주변에서 컴퓨터를 사용하는 모습을 관찰하는 경험이 풍부하므로 컴퓨터 이용 환경을 준비해 주면 어려움 없이 활동에 참여하는 모습을 관찰할 수 있다. 컴퓨터를 다루는 데 적절한 자료들을 부착하거나 관련 도서 등을 미리 준비해 주고 컴퓨터 자판 입력이나 마우스 사용 등 사용방법은 놀이 중 소그룹이나 개별적으로 교사가 함께 활동을 진행하는 시간을 마련하여 알려주는 방법도 좋다.

교수매체로서 컴퓨터의 특성을 살펴보면 다음과 같다.

- 다양한 영역에서 유아의 발달을 자극할 수 있다. 컴퓨터 프로그램에 따라

각각 자극되는 영역이 다르지만 보통 소근육 발달, 인지발달, 음악·미술 영역에서의 자극을 제공한다.

- 사용자와 자료 간의 개별적인 상호작용이 이루어진다. 개별 유아의 능력과 필요에 따라 개별학습을 할 수 있으며, 유아가 필요한 만큼 반복 연습과 오답 정정이 가능하다. 유아와 자료 간에 활발한 상호작용을 통해 학습의 효과를 높일 수 있다. 유아가 자료와 의사소통을 할 수 있을 뿐 아니라 컴퓨터를 이용하여 다른 유아와도 상호작용할 수 있다.
- 컴퓨터 프로그램을 선택하고 결정하는 기회를 제공할 뿐만 아니라 컴퓨터가 선택과 결정에 대해 빠르게 반응하므로 학습자가 흥미를 가지고 활동을 지속할 수 있게 한다.
- 컴퓨터 그래픽이나 애니메이션 같은 새로운 표현 기법은 과거의 인쇄 매체가 할 수 없었던 삼차원적인 사고 양식을 함양하는 데 도움을 준다.
- 프린터와 연결하면 다양한 크기, 색깔, 모양의 그림 자료나 글자 자료를 만들 수 있으며 같은 자료를 복사할 수 있다.
- TV, 슬라이드, OHP, 디지털 카메라 등과 연결하여 다양하게 활용할 수 있다.
- 인터넷을 이용하여 다양한 정보를 얻을 수 있다.

김아영(1996)은 교육활동에 있어서 컴퓨터의 역할을 다음의 네 가지로 설명하였다. 첫째, 학습내용을 익히는 데 있어서 교사 역할의 보조 기능을 하는 것으로 컴퓨터 교수 보조(computer assisted instruction) 학습이라고 한다. 컴퓨터가 학습내용의 전달을 담당하는 것으로 컴퓨터와 학습자의 직접적인 상호작용에 의해 프로그램화된 학습과정을 학습자의 능력에 따라 진행하여 학습목표에 도달하게 하는 학습방법을 말한다. 둘째, 표현매체(expressive medium)로서의 역할이다. 화면에 등장하는 주체들의 움직임이나 소리 등의 효과를 흥미롭게 구성할 수 있고, 주변기기들을 이용해 출력하거나 정보를 접할 수 있도록 프로그래밍할 수 있다. 셋째, 정보도구(information tool)로서의 컴퓨터는 유아가 검색하는 내용에 대한 다양한 정보를 제공하고 활용할 수 있으며, 정보를 입력하고 공유할 수 있다. 넷째, 교육적 정보를 포함한 다양한 활동이나 게임 등을 활용할 수 있다. 최근에는 단순히 교수 보조뿐 아니라 보다 적극적으로 교수 자체를 담당(computer based instruction)하거나 개별학습 체제(intelligent tutoring system)의 역할로 발전되고 있다.

교수매체를 학습자와의 상호작용 여부에 따라 쌍방향 매체와 일방향 매체로 구분할 수 있다. 쌍방향 매체는 학습자와 상호작용이 가능한 매체로서 학습자는 학습의 속도와 정보의 내용, 주제 등을 직접 선택하고 그에 따라 학습할 수 있다. 유아가 프로그램에 나타난 상황을 해결해 볼 수 있도록 지지해 주며, 문제해결에 도움을 주고, 사회적 상호작용이 많이 일어날 수 있도록 도움을 준다. 일방향 매체는 폐쇄적인 매체로 학습자에게 이미 저장되어 있는 정보만을 제공해 주는 것이 이에 속한다. 연습을 통한 학습이 가장 효과적이라는 학습지 양상의 매체이다. 정답을 맞히기 위해 수동적인 반응만을 해야 하므로 유아가 쉽게 흥미를 잃고 스트레스를 받는다.

1) 유아 컴퓨터 교육에 대한 긍정적 입장(김현아, 2002)

- 컴퓨터 활동은 유아에게 학습의욕을 갖게 하며 학습태도를 향상시킨다.
- 컴퓨터 활동은 유아에게 창의적 학습태도를 향상시킨다.
- 컴퓨터 활동은 유아의 논리적 지식 획득에 도움이 된다.
- 컴퓨터 활동은 유아가 문제를 해결하는 능력을 기르는 데 도움이 된다.
- 컴퓨터 활동은 유아에게 폭넓은 경험을 하게 하며 그 경험을 표현할 수 있는 능력을 발달시킨다.
- 컴퓨터 활동을 친구들과 함께 하면서 사회적 상호작용을 격려할 수 있다.

- 컴퓨터 활동은 유아의 언어 표현과 읽기 기술을 증진시킨다.
- 컴퓨터 활동은 유아에게 성취감을 지니게 한다.
- 컴퓨터 활동을 통하여 유아가 세계를 탐구하게 되고 자아개념을 변화시킬 수 있게 된다.

2) 유아 컴퓨터 교육에 대한 부정적 입장

- 컴퓨터는 구체적 사물을 통한 학습 기회를 제공하지 못하므로 전조작적 사고를 지닌 유아가 학습하는 데는 한계가 있다.
- 유아는 컴퓨터가 제공하는 상징적이고 추상적인 정보를 처리할 수 있는 발달적 준비가 되어 있지 않다.
- 컴퓨터는 2차원적인 화면과 키보드로 활동하므로 유아의 신체적 발달을 위한 풍부한 감각 경험을 제공할 수 없다.
- 컴퓨터 활동에서는 유아가 또래와의 상호작용보다는 컴퓨터와의 상호작용을 하게 되기 때문에 사회적 상호작용의 기회가 줄어든다.
- 유아가 컴퓨터 활동에만 흥미를 보이는 경우 유아의 인지발달, 언어발달, 놀이행동, 창의성 등이 위축될 수 있다.

2. 멀티미디어

멀티미디어란 문자, 그림, 사진, 애니메이션, 사운드, 비디오 등의 여러 가지(multi) 다양한 미디어(media)를 포함하는 것을 말한다. 어떤 매체이건 둘 이상의 매체를 조합해서 통합시킨다면 멀티미디어라 할 수 있다. 하나의 매체가 지니고 있는 단점을 복합을 통해 상쇄시키면서 개별 매체의 장점을 모아 극대화시키는 것에 목표를 둔다. 어느 매체보다도 컴퓨터를 중심으로 한 멀티미디어가 많이 사용되고 있다.

멀티미디어의 가장 중요한 특성은 하이퍼미디어와 다양한 매체의 통합을 들 수 있다. 하이퍼미디어는 컴퓨터상의 정보 간의 연결과 검색을 수월하게 한다. 학습자가 원하는 지점에서 학습정보의 연결이 가능하며 정보의 제시 순서를 쉽게 변경할 수 있다. 학습자가 원하는 순서대로 자료를 볼 수 있게 함으로써 학습자의 탐색이 어느 방향으로든 자유롭게 이루어질 수 있다. 다양한 매체의 통합이란 컴퓨터를 기반으로 한 다양한 매체와의 통합을 말한다. 텔레비전과 컴퓨터의 통합, 컴퓨터와 LCD 프로젝터와의 통합 등으로 활용된다.

1) 멀티미디어의 장점

- 시각과 청각이 결합된 멀티미디어는 전달하고자 하는 정보를 보다 명확하고 사실감 있게 전달해 준다.
- 유아의 흥미를 유발시킨다. 학습자의 동기 유발과 유지에 효과적이다. 인쇄 매체가 할 수 없었던 삼차원적인 자료를 통하여 흥미와 주의를 집중시킨다.
- 유아의 주의를 더욱 집중시킬 수 있으며, 감정에 호소하는 힘이 크다.
- 다양한 정보를 제공함으로써 지식을 이해하고 새로운 지식을 창출하는 정보 수집의 도구이다.
- 짧은 시간 내에 다양한 자료를 효율적으로 제시할 수 있다.
- 통합적인 학습을 제공한다. 멀티미디어가 제공하는 다양한 상황에 접하고 이를 해결하는 과정에서 통합적으로 여러 종류의 학습을 하게 된다.
- 열린 교육의 가능성을 실현시켜 준다. 학교 수업이 이루어지는 시간적·공간적인 제약을 벗어나서 학습자가 언제, 어디서나, 원하는 때에 학습할 수 있는 열린 교육의 장을 마련해 준다.
- 지역 간의 격차를 줄일 수 있다. 멀티미디어로 연결된 세계는 어느 지역이

든지 상호 교류가 가능하므로 교육 정보에 대한 지역 간의 격차를 줄일 수 있다.

2) 멀티미디어의 단점

- 정보의 과대화 및 정보와 무분별한 접촉이 있게 된다. 유아에게 필요 이상의 정보를 제공함으로써 혼란을 주거나 무분별한 접촉을 통해 부정적인 영향을 줄 수 있다.
- 비인간화를 초래한다. 교사와 유아 간의 상호작용의 기회가 위축되어 결과적으로 비인간화를 초래하거나 지나치게 한 매체에 집중되어 있는 획일화된 교육이 될 수 있다.
- 교육용 프로그램의 개발에 어려움이 있다. 교육적으로 유익한 프로그램의 개발을 위해서는 많은 비용이 필요하다.

3) 멀티미디어의 활용

인터넷은 전 세계의 컴퓨터들을 모아 연결해 놓은 거대한 통신망이다. 보유하고 있는 정보들을 전 세계 어느 곳이라도 상호 통신하여 제공해 주므로 지구촌 통신의 네트워크라고 불린다.

(1) 유아교육에 인터넷이 활용되는 이유

- 많은 양의 정보가 유아에게 선택권을 주는 방식으로 제공되어 유아가 중심이 되어 활동할 수 있다.
- 전 세계의 자료들을 접할 수 있어 세계화에 부응하는 넓은 시각을 얻을 수 있는 계기가 된다.
- CD-ROM이나 비디오 시스템과 달리 고형물로 제작된 소프트웨어가 필요 없다. 동시에 세계 여러 지역에 있는 다양한 사람들이 자료를 접할 수 있다.

- 유아교육기관에서 필요로 하는 다양한 최신 정보나 최신 유아용 게임들을 접할 수 있다. 한 번 제작되면 수정하기 힘든 CD-ROM에 비해서 웹상의 정보는 계속 수정, 보완할 수 있다.
- 유아에게서 효과가 검증된 문자 정보, 소리 정보, 비디오 영상, 사진, 그림 등을 통합적으로 사용하는 멀티미디어를 활용하여 통합적인 활동이 가능하다.
- 상호작용이 가능하다.
- CD-ROM과 달리 추가 비용이 없고, 언제나 자료를 접할 수 있다.
- 유아들에게 사회적 편견이 배제된 다문화 교육의 계기가 될 수 있다.

(2) 인터넷 자료 유형

① 유아용 그림 동화

인터넷상에서 그림책을 무료로 볼 수 있다. 그리고 여러 가지 멀티미디어 요소들을 활용하여 살아 움직이는 동화책 구현이 가능하다. 또 유아가 클릭할 때, 움직이거나 소리를 내게 함으로써 상호작용을 할 수도 있다.

② 유아용 게임

인터넷상에서 컴퓨터 게임을 다양하게 접할 수 있다. 컴퓨터 게임을 통해서 컴퓨터에 흥미를 갖고, 컴퓨터는 재미있는 도구, 친근해질 수 있는 기계라는 긍정적인 인식을 갖게 하는 것이 중요하다.

③ 유아용 학습지

인터넷상의 유아용 학습지, 그래픽, 애니메이션 등을 이용하여 다양한 구현이 가능하다. 특히 정답인 경우에, 칭찬 문구나 노래, 신나는 음악 등으로 즉각적인 강화가 제공될 수 있다는 것이 장점이다. 또는 유아의 수준에 따라 적절한 난이도의 학습내용을 선택할 수 있다.

4) 멀티미디어 활용 시 고려할 사항

- 진행되는 유아교육 목표에 부합되고, 교육적인 내용의 소프트웨어를 선정하여 활용한다.
- 유아의 발달적 특징을 고려하여 발달적으로 적합한 교육이 이루어지는지 검토해야 한다.
- 학습내용에 대한 단순한 전달에서 벗어나 문제해결력이나 탐구능력을 길러줄 수 있어야 한다. 학습을 위주로 하는 폐쇄적 프로그램보다는 개방적 프로그램을 경험하게 하는 것이 바람직하다.
- 학습이 즐겁고, 흥미롭고, 정서적으로 만족감을 주는 것이어야 한다.
- 교사들이 특별한 전문지식이 없어도 활용할 수 있어야 한다.
- 컴퓨터 활동이 정규적 학습과정에 통합되어 유아의 학습을 지원하는 선택영역 중의 일부로 운영되는 것이 바람직하다.
- 모든 유아에게 컴퓨터 사용에 관한 동등한 기회를 주어야 한다.
- 사회적 활동이 쉽게 형성될 수 있도록 환경을 조성한다. 컴퓨터 앞에 두 개의 의자를 두고 두 대의 컴퓨터를 나란히 배치함으로써 유아들 간에 그들의 생각을 나눌 수 있도록 한다.
- 컴퓨터에서 활동한 내용을 출력할 수 있도록 프린터를 함께 배치하는 것이 바람직하다.
- 컴퓨터 활동 전에 선행 활동이 이루어져야 한다. 컴퓨터의 소개, 컴퓨터 사용 방법 알기, 특정 프로그램 사용을 위한 선행 활동하기 등이 필요하다.

5) 멀티미디어 활용의 효과

- 언어능력을 증진시킨다. 컴퓨터가 언어발달을 돕는 환경을 제공하며, 유아의 어휘능력, 문장 이해력, 읽기능력, 쓰기능력 향상에 긍정적인 효과가 있다.
- 사회·정서 발달에 긍정적인 효과가 있다. 컴퓨터를 통해 활동할 때 협동적 상호작용과 공동 작업의 형태가 나타난다.
- 창의성을 발달시킨다. 컴퓨터는 유아가 스스로 발견하게 하고, 스스로 선택하고, 즉각적인 피드백을 받는다. 실수에 대한 두려움 없이 시도 가능한 환경이며, 확산적 사고의 기회를 제공하여 창의성을 발달시킨다.
- 문제해결력을 증진시킨다.
- 컴퓨터 기술 습득과 태도 변화에 긍정적인 효과가 있다.
- 유아에게 정보의 활용에 대한 기초 능력을 마련해 준다.
- 다양한 지능과 다양한 방법으로 표현하고 배울 수 있는 기회를 제공한다.
- 다중 지능을 통합적으로 활용할 기회를 제공한다.
- 정보 전달에 우수한 효과성과 효율성을 지니고 있다.
- 양질의 그래픽과 이미지, 적절한 음악과 소리 등을 지닌 매력적인 매체로 흥미를 준다.

3. 컴퓨팅 사고

1) 컴퓨팅 사고의 개념 및 구성요소

컴퓨팅 사고는 문제를 수립하고 해결책을 만들어 컴퓨팅 시스템을 통해 효과적으로 수행되도록 설계하는 사고 과정을 말한다. 컴퓨팅 사고는 분해(decomposition), 패턴인식(pattern recognition), 추상화(abstraction), 알고리즘(algorithms)의 네 가지 요소가 서로 그림을 이루는 퍼즐조각처럼 구성되어 있다. 이 모든 요소가 컴퓨터 프로그래밍을 적용하는 데 긴밀한 도움을 주고받는다(이경우, 2019).

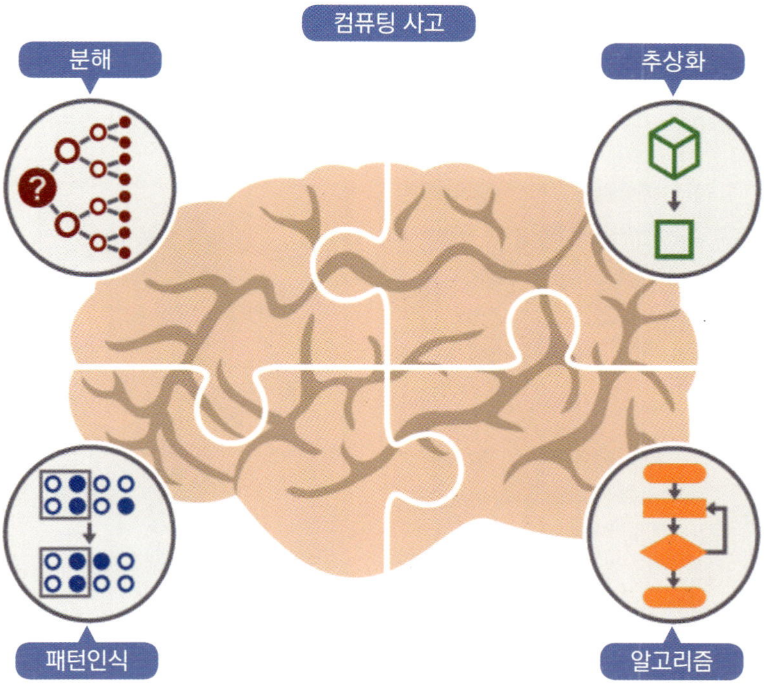

그림 13-1 컴퓨팅 사고의 네 가지 요소
출처 : BBC Bitesize.

(1) 분해 활동

전체의 문제를 해결하기 위해 문제를 작은 여러 개의 부분으로 나누어 해결해 보는 과정이다. 수학적 개념에서는 '분류'에 해당한다고 할 수 있다.

그림 13-2 | 아이원더(www.iwonderabc.kr) 중 'Recycling Bins'와 'Snowman'

(2) 패턴 인식 활동

사물의 같고 다음을 알고 일정한 흐름을 인식하는 과정이다.

그림 13-3 | 아이원더(www.iwonderabc.kr) 중 'Same or Different' 활동

(3) 추상화 활동

여러 콘텐츠의 복잡하고 다양한 내용 중에서 핵심 내용만을 뽑고 공통된 것만을 찾아서 단순화시키는 과정이다. 예를 들면, 동화의 순서를 단순화시키거나 일과 중 할 일들을 간단하게 적어보는 활동 등이다. 지하철 노선표 그리기, 우리 마을 지도 그려보기 등의 활동 등이 추상화 활동에 해당된다.

(4) 알고리즘 활동

어떤 일을 수행하기 위한 절차나 순서들을 나열하여 체계화하는 과정이다. 예를 들면, 요리의 순서를 예측하고 수행해 보기, 장난감 조립 순서도를 해석하는 일, 보드게임을 진행할 때 순서나 규칙을 세우는 과정을 통해 알고리즘을 경험한다.

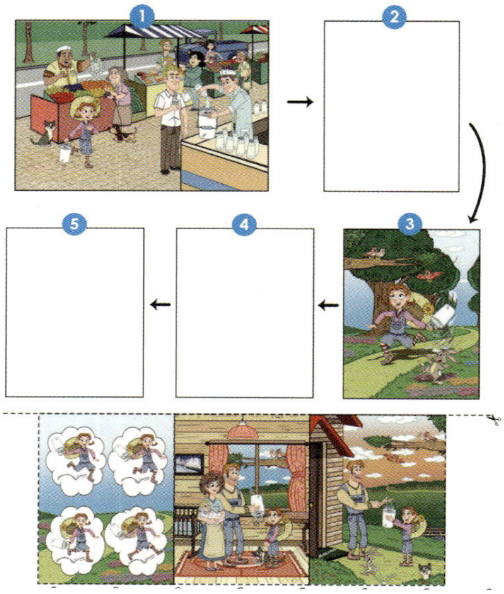

그림 13-4 | 아이원더저널 '시장에 갔어요'와 '원숭이 엉덩이는 빨개' 활동

2) 팅커링(Tinkering)

팅커링 활동은 도구나 재료를 탐색하고, 자유롭게 만들기를 하고, 이를 또 다시 분해하고 다시 조립하고, 다시 꾸며보고, 생각을 표현하는 활동이며, 마치 놀이를 하듯이 다양한 재료와 도구를 가지고 자유로운 분위기에서 무언가를 만들거나 꾸미거나 개조하는 활동(강은성, 2017)이라고 할 수 있다.

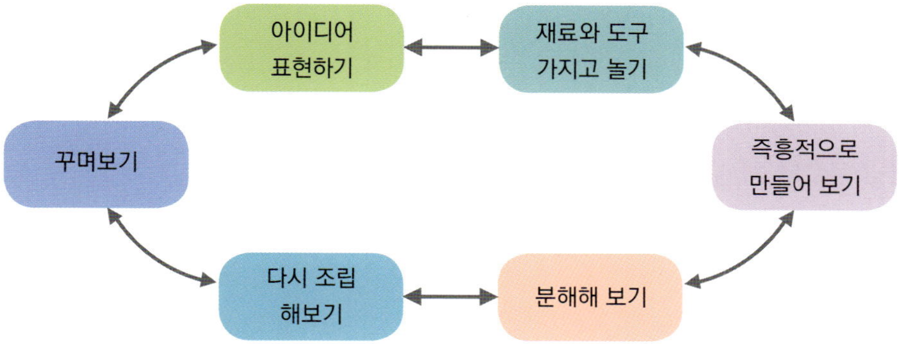

그림 13-5 팅커링 활동의 수행 절차

팅커링 활동은 컴퓨팅 사고로 확장해 가는 데 있어 전체 창의적 활동의 학습 분위기 조성을 위한 워밍업 단계로 준비된 자료 및 주제를 가지고 놀아보는 활

동으로서 그 의미를 가지며, 유아는 놀이에서 자신의 주변의 재료와 도구를 탐색하고 이용하여 무언가를 즉흥적으로 만들어 내고 분해해 보고 다시 조립해 보며 꾸며보기도 하고, 새로운 아이디어를 표현하여 재구성하여 그 구체적 산출물을 자신의 놀이과정에 활용하는 상호작용 절차를 거친다.

팅커링 활동의 구체적이면서도 직접적인 경험은 영유아의 발달이 창의적이고 실험적으로 참여하는 방식을 제공한다. 놀이의 과정을 통해 자신의 문제해결 방식과 아이디어를 표현하고, 다른 친구와 아이디어를 공유하며 활동이나 제작에서 반복적인 수정 과정을 참여적으로 경험하게 된다.

3) 협동능력(Collaboration)

2019 개정 누리과정에서는 유아와 유아, 유아와 교사, 유아와 환경 간의 능동적인 상호작용의 중요성에 대해 안내하고 있다. 유아는 교사나 또래, 주변 환경 등과 상호작용하면서 세상을 배우고 이해한다. 먼저 유아는 서로 함께 놀이하면서 자신의 생각을 다양한 방법으로 표현하며 또래의 생각을 수용하거나 자신의 생각을 바꾸기도 하면서 양보하고 배려하고 수용하고 조절하는 경험을 한다. 또한 유아의 놀이에 교사는 귀를 기울여 그 의미와 배움이 일어나고 있는지 살피고 관찰하며 놀이를 확장할 수 있도록 상호작용해야 한다. 유아의 정서적인 면을 이해하고 언어를 통해 상호작용하면서 유아의 흥미에 관심을 가지고 놀이를 지원한다. 다음으로 유아는 환경과도 상호작용할 수 있다. 교육기관뿐 아니라 유아 주변의 다양한 공간, 놀이 자료, 일상에서 접하는 모든 주변 환경과의 연결을 의미하며, 놀이에서 만나는 사물이나 자연물 등을 조작하고 활용하면서 더욱 흥미가 확장될 수 있다.

또한 2019 개정 누리과정이나 제4차 표준보육과정에서 제공하는 교육환경의 다양한 영역이 통합적으로 연계되어 있으므로 유아들은 놀이를 하면서 영역을 통합적으로 경험할 수 있으며 주변의 모든 자료 또는 인적 자원을 이용하여 놀이에 적용·확장한다. 이 과정을 통해 서로의 공통 관심사에 대해 이야기 나누고, 서로의 생각을 나누고, 그 다음의 과정에 따르는 과업들을 분담하여 관찰하고 조사하면서 놀이를 이끌어 간다. 컴퓨팅 사고에서도 위의 과정이 그대로 적용된다. 해결해야 할 과제를 스스로 설정하고 알고리즘을 설계하며 네트워크를 통해 서로 협력할 수 있다. 이 과정에서 교사는 유아들이 스스로 규칙을 만들고 지켜나갈 수 있도록 지지해 주어야 하고 과제에 필요한 다양한 활동을 소개해 줄 수 있다.

4) 플러그드 활동을 통한 컴퓨팅 사고

(1) 피지컬 컴퓨팅(Physical Computing) 놀이

유아들을 위한 형태가 있는 로봇으로 앱이나 카드 등을 통해 코딩을 하면 연결된 로봇이 이 프로그램을 읽고 움직이는 과정을 보여준다. 직접 제작하고 구성한 코딩 결과물을 실제 로봇을 통해 작동해 보는 것으로 유아에게 적합한 놀이이며 컴퓨터의 원리를 직접 적용해 보면서 이해할 수 있는 기회를 가진다.

(2) 프로그래밍 언어

유아가 직접 경험할 수 있는 블록 코딩 프로그램인 스크래치 주니어 등을 접할 수 있도록 한다. 유아가 자연스럽게 코딩의 작동원리를 이해하고 활용할 수 있도록 하며, 유아가 직접 만든 데이터를 컴퓨터나 관련 기기에 넣어 결과를 내고 문제 해결 능력을 향상하며 나아가 창의적인 사고력을 가질 수 있도록 한다(안철수, 2017).

5) 언플러그드 활동

언플러그드 활동은 컴퓨터가 없어도 다양한 놀이를 통해 컴퓨팅 사고를 확장하고 논리적 추론을 할 수 있도록 돕는다.

직접 게임판을 제작하고 규칙도 만들어 보고 지시나 방향 등의 규칙을 만들어 보며 컴퓨터에 명령하는 것과 같은 과정의 놀이로 컴퓨팅 사고의 기반(예 알고리즘)을 마련하게 된다. 실제 본인이 존재하는 방향이 아니라 게임판의 말이 향하는 방향에 대한 개념을 습득할 수 있고 자신의 놀이를 객관적으로 관찰하고 설계할 수 있다.

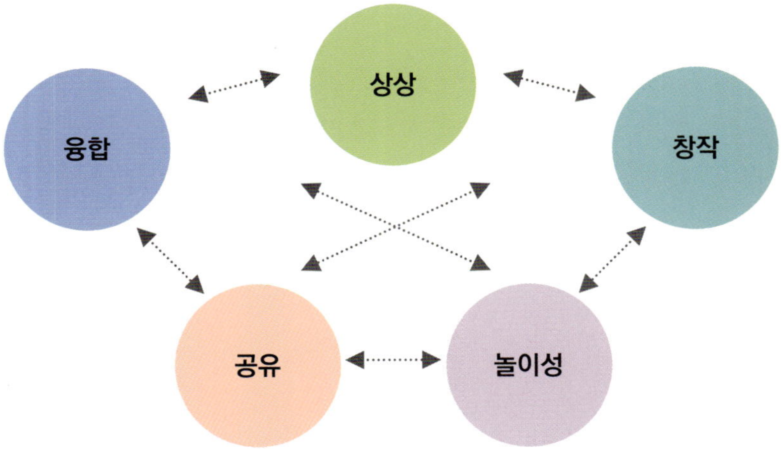

그림 13-6 | 언플러그드 놀이에서의 교수학습 원리

언플러그드 활동은 유아의 놀이, 일상생활, 활동에서 발현되는 주제와 자연스럽게 인공지능교육과의 연계가 가능하며, 유아 주도적인 인공지능교육 실현을 가능하도록 한다(교육부, 2021).

〈표 13-1〉 언플러그드 활동의 원리와 의미

원리	의 미	예 시
상상	새로운 아이디어를 생각함	언플러그드 놀이의 주제 관련 문제를 인식하고, 문제해결을 위한 다양한 해결방안을 상상하며 시도를 위한 설계를 구상
창작	생각한 아이디어를 실제로 시도함	상상한 내용을 실제 만들거나 구현하여 사고의 구체적 외현화
놀이성	새로운 아이디어를 실제로 시도하는 과정에서 여러 가지 방식을 적용해 보고 아이디어에 새로운 이야기를 추가함	유아의 생각이 살아있는 놀이를 통한 다양한 상상과 창작의 과정으로 선순환
공유	아이디어를 여러 방식으로 시도하고 새로운 이야기를 추가하는 동안 다른 사람에게 의견을 말하고 다른 사람의 의견을 들음	유아들의 서로 다른 아이디어를 공유하고 발전시킴
융합	지속적인 시도와 문제해결을 통해 새로운 아이디어 및 방향을 생각하고 기존의 아이디어 및 방향과 융합함	문제 상황에 대한 다양한 탐색적 놀이를 유아 교실 상황이나 주변 세계에 실제적으로 적용

출처 : Resnick(2018). 미첼 레스닉의 평생유치원 : MIT 미디어랩이 밝혀낸 창의적 학습의 비밀[Lifelong kindergarten : Cultivating creativity through project, passion, and play](최두환 역). 서울 : 다산사이언스(원전 2017 출판) 재구성.

(1) 순서성(Sequentiality)

언플러그드 활동에서 시시각각 이루어지는 문제해결 과정에서의 의사소통에는 상황적인 사고의 리듬이 존재한다. 상호작용 시 주고받는 대화의 운율이 사고의 흐름을 만들고, 대화 상황에서의 반복적인 단어나 행동이 논리적 패턴을 만들어 간다. 다음에 올 이야기를 예측하기도 하고 예측에서 벗어난 모든 행동이 이전의 행동과 연관성을 가지고 순차적으로 놀이 상황을 생성해 간다. 예를 들어, 이야기를 들은 후 이야기의 순서를 바꿔 다시 이야기 짓기 활동을 해본다거나 뒷이야기 짓기 활동을 해볼 수도 있고, 이야기가 전개되는 순서를 이야기해 보면서 자연스럽게 알고리즘의 개념을 접할 수 있게 된다.

(2) 공간성(Spatiality)

유아는 스크래치 주니어(Scratch Jr.) 등의 코딩 프로그램을 통해 스크린에서 격자 모양을 접하게 되며 유아가 다양한 도구를 활용하여 활동을 진행할 때, 활용할 수 있는 공간의 크기와 범위를 인식하게 되며 그 안에서 방향과 움직임의 크기를 설정하여 진행할 수 있다. 이때 활용할 수 있는 공간에서의 움직임과 속도, 놀이 도구의 크기 등 유아의 공간 설계에 맞춰 다양한 방법으로 놀이를 진행할 수 있다. 공간을 작은 부분으로 나누어 활용하기도 하고 해결해야 하는 문제와 관련된 자료를 모으기도 하고 분해하기도 하면서 공간을 활용하며 컴퓨터 공간에 대입되는 실제적 경험을 축적한다.

4. 증강현실(AR) / 가상현실(VR)

증강현실(AR : Augmented Reality)은 현실(reality)을 기반으로 정보의 증강(augmented)을 제공하는 기술로, 가상의 대상을 결합시켜 현실의 효과를 더욱 증가시키는 방식이다. 홀로그램 기술을 통해 디지털 방식의 시각 요소나 소리, 또는 기타 감각 자극을 통해 구현되는 실제 환경의 향상된 버전이다. 실제의 물리적 세계와 디지털 세계의 결합, 실시간의 상호작용, 실제 및 가상 객체의 정확한 3D 식별의 세 가지 기능을 통합한다.

증강현실의 실현을 위해서는 먼저 AR 소프트웨어가 필요하며 이는 AR에 액세스하는 데 사용되는 도구 및 애플리케이션을 의미한다. 또한 AR 작동을 위해서는 디바이스의 내부 운영 체제를 활용한 처리 능력이 필요하며 렌즈나 이미지 플랫폼이 필요하다. 현실 세계를 디지털 세계로 정확하고 현실감 있게 구현하기 위한 환경에 대한 데이터를 처리한다.

가상현실(VR : Virtual Reality)은 컴퓨터 시스템 등을 사용해 인공의 기술로 실제와 유사하지만 실제가 아닌 환경이나 상황 또는 그 기술을 의미한다. 가상의 환경이나 상황에서 유아의 다양한 감각을 자극하며 실제와 비슷한 시·공간적 경험을 제공하여 현실과 상상의 경계를 자유롭게 드나들 수 있도록 한다. 유아는 가상현실에 단순히 몰입할 뿐 아니라 실재하는 디바이스를 이용하여 조작하거나 명령을 실행하는 등 가상현실 속에 구현되는 것들과 상호작용한다. 쉽게 경험할 수 있는 가상현실의 예는 비행훈련 시뮬레이션이나 정글탐험 등의 활동이 있다.

5. 유아 인공지능(AI) 활동

인공지능(AI : Artificial Intelligence)은 패턴의 인식으로 대표되는 인지 및 판단 지능과 관련되는 문제해결을 위한 컴퓨터공학 분야를 의미한다. 영화나 미디어에서는 마치 인간처럼 행동하는 로봇 등과 같이 묘사되고 있으나 로봇은 물리적인 구조를 갖춘 기계를 의미하고 인공지능은 논리적인 구조를 갖춘 프로그램을 의미한다.

유아들은 인공지능 활동을 통해 다양한 문제해결의 경로를 생각해 보고, 추상적인 생각을 구체화시킬 수 있으며, 인공지능 활동은 유아가 다양한 관점으로 세상을 보며 생각을 열어갈 수 있도록 도와 창조적 배움이 일어나는 것을 가능하게 한다. 유아교육기관에서 인공지능 활동이 의미 있게 이루어지기 위해서는 2019 개정 누리과정이 추구하는 방향과 같이 놀이, 일상생활, 활동이 유아가 경험하는 인공지능의 맥락이 되어야 한다(교육부, 2021).

유아가 인공지능의 원리와 방법을 잘 알며(이해교육), 인공지능과 상호작용하면서 실제의 문제를 창의적으로 해결하고(활용교육), 인공지능을 활용하는 데 있어 필요한 윤리적 태도와 정확한 판단력을 갖추는(가치교육) 내용을 다루게 된다. 유아기는 전체 삶의 기초적인 토대가 되는 중요한 가치와 태도를 형성하는 시기이므로 유아교육 환경에서의 인공지능 분야는 가치교육을 기반으로 이해교육과 활용교육을 통합하는 것이 중요하다.

그림 13-7 | 유아 인공지능 교육 내용의 모형

출처 : 교육부(2021). 유아와 함께 하는 인공지능교육 : 교사 지원자료.

Part 5

영유아 교수매체의 제작 및 활용

chapter 14 교재·교구의 제작

1. 교재·교구의 제작 계획

유아교육기관에서 교재·교구를 제작하기 위해서는 사전에 철저한 계획과 충분한 검토가 필요하다. 어떠한 교재·교구를 제작할 것인지, 어떤 재료를 사용할 것인지, 어떤 디자인 및 색상을 사용할 것인지 등 제작과 관련된 여러 가지 사항을 고려하여 미리 계획을 세워야 한다. 사전에 준비되지 않은 교재·교구 제작은 재료의 낭비 및 교사의 인력 낭비와 직결되기 때문에 매우 중요하다. 교재·교구를 제작할 때 고려할 사항을 살펴보면 다음과 같다.

① 발달수준에 적절해야 한다

대상 유아의 신체적·인지적 수준에 맞아 조작 가능하고 활용 가능한 것이어야 한다. 영유아들이 교재·교구를 가지고 놀이를 하는 속에서 스스로 인지적으로 다양한 방법으로 상호작용할 수 있도록 교재·교구의 내용이 영유아들의 인지적 수준에 적합해야 할 것이다.

② 매력적이고 흥미로워야 한다

외관이 아름다운 교재·교구는 영유아의 흥미를 더 끌 수 있을 것이다. 뿐만 아니라 영유아의 지적 호기심을 자극할 수 있는 매력도 동시에 갖추어야 한다.

③ 성취감을 줄 수 있는 것이어야 한다

교재·교구가 너무 단순하거나 지나치게 난이도가 높을 경우, 오히려 유아들이 활동을 하는 속에서 성취감을 맛볼 수 있도록 적당한 난이도로 교재·교구를 제작해야 할 것이다.

④ 견고하고 안전해야 한다

교재·교구는 영유아들이 사용하고 놀잇감으로 활용이 가능하기 때문에 견고해야 한다. 교재·교구의 표면이나 모서리는 날카롭지 않아야 하며 부착물이 쉽게 떨어지거나 장치가 고장나지 않게 제작해야 한다. 더욱이 유아들이 손으로 만지거나 입에 대었을 경우 해가 되지 않는 재질로 만들어야 한다. 특히 어린 연령일수록 입에 넣어도 안전한 것으로 준비하여야 하며 청결을 위하여 세탁이 용이한 재질의 재료를 이용하여 교재·교구를 제작하는 것이 적합하다.

⑤ 소재와 방법이 다양해야 한다

유아교사들은 모든 그림 자료나 제시 자료를 제작하면 오래 보관하기 위해서 무조건 코팅을 하는 경우가 많다. 그러나 동일한 소재만을 사용하거나 너무 흔한 소재를 사용하여 제작할 경우 유아가 싫증을 내기 쉬우므로 다양한 감각을 느낄 수 있도록 재질과 제작방법, 활용을 다양하게 하여야 한다.

⑥ 보관상 용이해야 한다

교재·교구를 제작할 때는 보관하는 방법에 대해서도 고려를 해야 한다. 작은 조각으로 이루어진 교재·교구의 경우에는 작은 조각들을 통에 담아서 보관할 수 있도록 제작하여야 한다. 부피가 큰 교재·교구의 경우에는 접어서 보관하거나 부피를 감소시켜 보관할 수 있는 여러 가지 방법을 생각해 가면서 교재·교구를 제작해야 한다.

⑦ 사용이 편리해야 한다

너무 작거나 너무 커다란 교재·교구는 유아들이 만지기에 부담이 되므로 유아들의 신체 치수에 적절하여 스스로 용이하게 조작이 가능하도록 제작해야 한다.

⑧ 효율성을 고려해야 한다

최소의 노력과 경비로 최대의 효과를 낼 수 있는 것이어야 한다. 교재·교구를 제작할 때는 가능한 한 교사의 시간과 노력뿐만 아니라 유아교육기관의 경제적인 측면도 고려하여야 한다. 따라서 되도록이면 폐품을 활용하고 소모되는 재료를 아껴 쓰도록 해야 한다.

2. 교재·교구의 제작 계획서 작성

교재·교구를 제작하기 위해서는 교재·교구를 어떤 목적으로 제작할 것인지 사전에 계획을 해야 한다. 이를 위해 교재·교구의 제작 계획서를 작성하여 필요한 재료와 제작방법 및 활용방법에 대해 기록해 놓으면 다른 교사 및 예비교사들도 유용하게 활용할 수 있는 훌륭한 자료집이 된다.

교재·교구 제작 계획서를 작성할 때 포함하여야 할 사항은 다음과 같다.

① **주제 :** 생활주제에 관련된 주제를 쓴다.

② **교구명 :** 주제와 관련지어 선정된 교재·교구의 명칭을 쓴다.

③ **대상연령 :** 교재·교구의 수준을 고려하여 활용 가능한 영유아의 연령을 명시한다.

④ **활동영역 :** 교재·교구가 활용될 수 있는 영역을 명시한다.

⑤ **활동목표 :** 활동을 통해 어떤 교육적 효과를 얻고자 하는지 구체적으로 기술한다.

⑥ **준비물 :** 교재·교구를 제작하는 데 필요한 재료를 상세하게 기록한다.

⑦ **제작방법:** 교재·교구의 제작방법에 대해 자세하게 기록한다. 제작 순서, 재료 수량, 크기, 모양 등을 상세하게 기록한다.

⑧ **활용방법 :** 교재·교구의 활용방법에 대해 자세하게 기록한다. 이때 사전활동, 본 활동, 사후 활동도 함께 작성해 주면 더욱 좋다.

⑨ **추후활동 :** 교재·교구의 활용방법을 통해 활동이 끝난 후에도 영유아 스스로 혹은 교사와 함께 활동과 연계하여 다양한 방법으로 응용하여 교구활동이 일어나도록 지도해 주어야 한다. 사후 활동과 연결시킬 수 있는 경우 사후 활동과 확장활동을 명시해야 한다.

〈표 14-1〉 교재·교구의 제작 계획서 예시

<table>
<tr><td>주제</td><td></td><td>대상연령</td><td></td></tr>
<tr><td>교구명</td><td></td><td>활동영역</td><td></td></tr>
<tr><td>활동목표</td><td colspan="3"></td></tr>
<tr><td>준비물</td><td colspan="3"></td></tr>
<tr><td>제작방법</td><td colspan="3"></td></tr>
<tr><td>활용방법</td><td colspan="3"></td></tr>
<tr><td>사진</td><td colspan="3"></td></tr>
<tr><td>추후활동</td><td colspan="3"></td></tr>
</table>

3. 교재·교구의 보관방법

유아교육기관에서는 상급학교보다 교재·교구의 종류와 수가 다양하고 평면 자료보다 실물 자료나 입체 자료가 많아 보관을 위해서는 체계적이고 효율적인 방법이 필요하다. 다양한 종류의 교재·교구들을 갖추고 있는 것도 중요하지만 교육활동의 활용 가능성을 높이기 위해서는 즉시 꺼내어 활용할 수 있도록 체계적으로 보관·관리가 되어야 한다. 교재·교구를 보관할 때 유의할 점을 살펴보면 다음과 같다.

① 교재·교구는 교구장 및 별도의 공간에 보관한다

교재·교구는 자료실 및 교구 보관실에 교구장을 설치하여 보관한다. 교재·교구를 보관하기 전에 더러워진 교재·교구는 깨끗하게 닦은 후 보관한다. 또한 교재·교구는 습기 및 해충으로 인한 손상을 피할 수 있는 곳에 보관하도록 하여야 한다.

② 손상된 교재·교구는 보수 후 보관한다

교재·교구를 보관하기 전에 손상된 부분은 없는지, 부속품들은 모두 있는지 확인한 후 보관하여야 한다.

③ 교재·교구 목록 및 비치 카드를 만들어 보관한다

교재·교구의 명칭, 교구의 유형, 활동 유형 등을 기록한 목록과 분류카드를 만들어 체계적으로 정리해 어떤 교재·교구가 보관되어 있는지를 쉽게 확인할 수 있도록 한다.

④ 교재·교구를 효율적으로 분류하여 보관한다

교재·교구를 연령별, 주제별, 계절별 분류로 세분화한다면 교사의 직무 효율성을 높일 수 있다. 특히 교재·교구의 분류가 가능한 투명 상자나 봉투를 이용하여 손쉽게 사용할 수 있도록 해야 한다.

chapter 15

영유아 교수매체의 활용

1. 유치원 놀이에서의 교수매체 활용

〈놀이의 흐름에 따른 교육적 질문과 교수·학습 지원〉

관심의 시작

〈무와 배추 심기 활동〉

유아들이 활동을 통해 특별히 흥미와 관심을 갖는 것은 무엇인가?

텃밭의 다양한 생물에 대한 관심과 흥미가 생기기 시작함

텃밭 '꽃숲마당' 활동

〈'꽃숲마당'의 다양한 동식물 찾아보기〉

유아의 관심과 흥미를 확장할 수 있는 활동들은 무엇인가?

텃밭의 특별한 생물을 관찰함.
텃밭 생물의 종류와 특징에 대해 알아봄

관련 자료 검색

〈텃밭생물에 대해 알아보기〉

유아들이 활동을 통해 스스로 알아보고자 하는 내용은 무엇인가?

우리 유치원 텃밭의 다양한 동·식물, 곤충에 대한 특징에 대해 검색하기

교실에서 이루어진 놀이

〈텃밭 작물의 길이와 넓이 비교하기〉

유아들이 특별히 관심을 갖는 동식물의 특징을 알아갈 수 있는 활동들은 무엇인가?

텃밭의 특별한 작물을 이용하여 활동함
길이와 넓이 등을 측정하는 놀이로 확장함

교구활동으로 확장

〈텃밭 생물 메모리게임〉

유아가 즐겁게 몰입해서 놀이하도록 지원할 수 있는 방법은 무엇인가?

여러 가지 동식물에 대한 교구활동으로 유아의 관심과 흥미를 놀이로 확장함

미술활동

〈텃밭 작물을 이용한 미술활동〉

텃밭에서 만날 수 있는 작물의 특징을 이용하여 어떠한 활동을 할 수 있는가?

텃밭 작물의 특징을 이용하여 미술활동을 진행하며 생각을 표현하기

언플러그드 코딩 활동

〈관심있는 동식물 교구 만들기〉

유아가 구체적인 활동을 설계하여 실천할 수 있는 방법은 무엇인가?

다양한 자료나 재료를 이용하여 스스로 계획한 교구 만들어 보기

감상활동

〈교구전시회〉

유아가 설계하고 디자인한 교구를 어떠한 방식으로 서로 감상할 수 있는가?

꽃숲마당에서 발견된 해충이 작물에 피해를 입히지 못하도록 해충트랩 설치하기

지속가능 발전교육

〈몬스테라 화분 만들기〉

다양한 사물이 가진 특성을 유아가 충분히 경험할 수 있도록 활동이 진행되는가?

몬스테라 화분을 만들어 보면서 흙이 가진 특성에 대해 알고 미세먼지로 관심 확장

알고리즘 설계

〈미세먼지 없애는 로봇 설계하기〉

로봇을 만들기 위해 어떠한 절차를 거쳐 설계하고 실천하고 과정을 수정하는가?

미세먼지를 없애기 위해 어떠한 기능을 가진 로봇을 설계해야 하는지 순서와 과정을 설계하기

유아의 관심 전환

〈흙에 대한 관심의 생성〉

유아의 관심이 확장되거나 전환될 때 어떠한 방식으로 지원할 수 있는가?

꽃숲마당에서 수확활동을 하면서 흙의 특성에 대해 관심을 가지기 시작함

관찰 – 텃밭작물 수확

〈텃밭작물 수확하기〉

유아가 활동을 확장하는 과정에서 관심을 전환할 수 있도록 어떻게 도울 수 있는가?

꽃숲마당의 다양한 작물 수확해 보기

텃밭 생물에 대한 관심의 확장

〈텃밭 생물 OX 퀴즈〉

유아가 텃밭생물에 대한 관심을 확장하도록 활동을 통해 어떻게 설계할 수 있는가?

유아들과 함께 텃밭 생물에 대해 알아보고 OX 퀴즈를 통해 지식 확장하기

지속가능 발전교육

〈텃밭작물 보호를 위한 해충트랩 만들기〉

유아가 흥미를 확장하는 과정에서 발견된 문제를 해결할 수 있도록 어떤 지원을 할 것인가?

꽃숲마당에서 발견된 해충이 작물에 피해를 입히지 못하도록 해충트랩 설치하기

과학 – 관찰활동

〈꽃숲마당에서 만난 곤충의 모양 관찰하기〉

유아가 탐구하는 데 필요한 자원과 자료를 어떠한 방식으로 지원할 것인가?

꽃숲마당에서 발견된 거미를 관찰상자에 담아서 그 모양이나 특성 등을 관찰해 보기

● 텃밭에서 만나는 다양한 생물 – 놀이 배경과 흐름

관심의 시작 – 무와 배추 심기 활동

9월 중순경 유아들과 함께 유치원 텃밭 '꽃숲마당'에서 유아들이 무와 배추를 심었다. 텃밭의 흙을 파고 모종을 심어주면서 유아들은 무와 배추 모종의 모양을 살펴보면서 이미 키우고 있던 다른 작물들(딸기, 토마토 등)과 다른 점과 땅 속에 숨어 있던 지렁이, 개미 등에 대해 이야기를 나누기 시작했다.

"흙을 파니까 지렁이가 나왔어요."
"개미는 한 마리가 아니라 여러 마리가 같이 다니고 있어요."
"모종을 심으려면 흙을 더 깊게 파야지 쏙 들어가는데요?"
"무 이파리가 뾰족뾰족한데 배추보다 훨씬 얇아요."
"배추 모종은 이파리가 동글동글해요."
"우리 꽃숲마당에는 왜 이렇게 지렁이가 많아요?"

이때 교사는 유아들이 활동을 통해 특별히 흥미와 관심을 갖는 것이 무엇인지 관심을 기울이고 유아의 관심이 확장되도록 관련 활동에 대해 유아들과 함께 이야기를 나누었고, 이는 다양한 동식물 활동 찾아보기 활동으로 이어졌다.

과학활동 - '꽃숲마당'의 보물찾기

유아들이 관심을 보이는 여러 가지 텃밭 생물을 찾아보기로 하고 '꽃숲마당 보물찾기'를 해보았다. 식물과 동물, 곤충으로 영역을 나누어서 각자 맡은 생물이 어떤 모양으로 텃밭에 숨어 있을지 예측해 실제로 찾아볼 수 있었다.

교사는 유아들이 각자 찾고자 하는 생물의 이름과 모양 사진 등을 기록한 자료와 관찰 물품을 준비하여 유아들이 텃밭생물의 특징에 대해 주의 깊게 관찰하는 시간을 가질 수 있도록 도와주었다.

"토마토가 벌써 빨간색으로 많이 바뀌었네."
"그런데 아직 색깔이 안 바뀐 초록색 토마토도 많아."
"지렁이는 비가 와야 밖으로 나오나 봐. 땅을 파야지 찾을 수 있겠어."
"여기에 이거 이파리가 똑같이 생겼네."
"나는 다 찾았어. 보물찾기 다 끝났다!!!"

교실에서 이루어진 놀이 - 수확한 작물 길이/넓이 비교하기

토란은 땅 속에 열매가 있으므로 텃밭에서 유아들이 관찰한 다양한 동식물 중 가장 찾기 어려웠던 작물이었다.

또한 잎과 줄기의 길이가 가장 길고 잎에 물이 떨어질 때 흡수되지 않는 특성을 가진 토란에 대해 유아들의 관심이 머물렀다.

"쑥쑥 자라라고 이파리에 물을 뿌렸는데
또르르 굴러서 바닥으로 떨어졌어!"
"그러면 비 오는 날 우산으로 써도 되겠다."
"그런데 이거는 진짜 키가 크네."
"내 키보다 훨씬 더 커."

유아들은 토란대의 길이가 얼마나 되는지 알아보려고 토란대를 잘라서 교실로 가지고 가서 가장 긴 것부터 작은 순서대로 차례대로 늘어놓아 보았다.

"그런데 토란 이파리가 우리보다 키가 큰 걸까?"
"이파리랑 같이 한번 누워보자. 내 발에 맞춰서 위로 누가 더 커?"
"내가 그래도 토란 줄기보다 키가 크지?"
"그러면 숫자를 알 수 있는 줄자로 재보자."

어떤 유아는 자신의 손이나 발을 이용해 길이를 측정해 보기도 하고 자신의 키와 토란대의 길이를 비교해 보기도 하였다. 또한 줄자 또는 다양한 도구를 이용하여 실제 길이와 비율에 대해 가늠해 보기도 하였다.

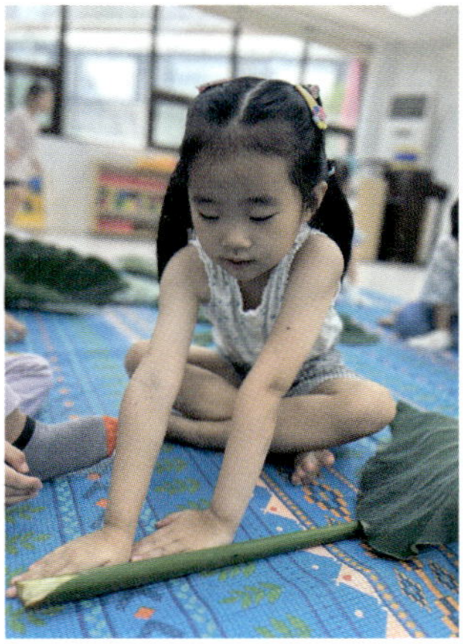
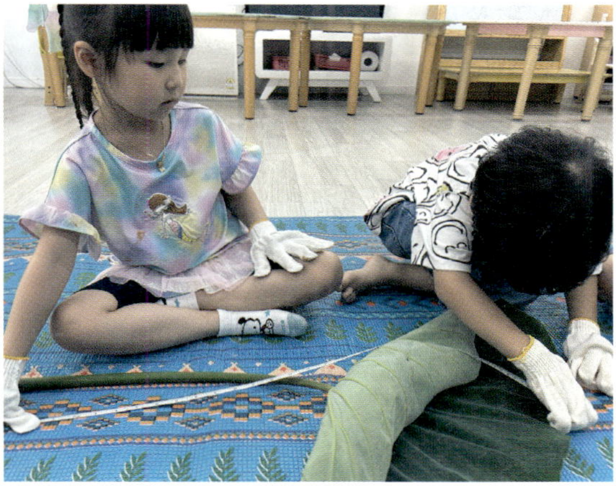

"손으로 재보니까 위로 12번이나 되는 걸? 옆으로는 4번이야."
"손은 12개가 필요했는데, 발은 7개가 필요하네!"
"줄자 이쪽 끝을 잡아줘. 내가 쭉 늘려서 숫자를 알려줄게."
"113만큼 키가 큰 거야."

유아들은 다양한 방법을 이용하여 토란대의 길이, 넓이를 측정하고 기록했다.

관련자료 검색

유아들은 유치원 근처의 도서관에 방문하여 토란처럼 땅 속에서 관찰할 수 있는 생물에 관해 검색해 보았다. 검색 카테고리 범주에 따라 '토란', '감자', '지렁이', '고구마', '뱀' 등을 써 보았다. 유아들이 검색하고자 하는 책 제목이나 관련 단어를 키보드의 자판에서 자음과 모음으로 조합하는 과정에서 교사의 도움이 필요했다.

"여기 검색에다 나는 '지렁이'라고 써 보고 싶어."
"지렁이라고 쓰니까 '지렁이가 흙 똥을 누었어' 책 이름이 나오는데?"
"그러면 그 책 어디에 있어?"
"여기 숫자 써 있는 곳으로 가보자."
"지렁이 책 빌려갈 수 있나?"

"이거는 동화를 읽어주는 헤드폰이야. 사용해 보자."
"먼저 동화책을 여기에다가 대면 이야기가 나오네."

검색용 컴퓨터에 텃밭에서 본 생물들의 이름 등 다양한 키워드를 넣자 책 제목과 비치되어 있는 책의 위치가 검색되었다. 책의 제목을 검색하니 기계에서 책의 제목과 위치가 작은 종이에 출력되었고 유아들은 신기한 듯 더 많은 키워드로 책 제목을 검색하고 출력하기를 반복했다.

교구활동 & 미술활동

텃밭에서 볼 수 있는 다양한 생물들을 이용한 '텃밭생물 메모리게임' 교구가 유아에게 제공되었다. 두 장의 카드를 뒤집어서 같은 그림이 나오면 가져가는 방식의 놀이로 유아들이 뒤집은 그림의 생물의 이름을 이야기해 보았다.

"내가 뒤집은 건 호랑나비야."
"아~ 아쉬워! 다른 한 장은 지렁이였어."
"이번에는 다시 두 장을 뽑아볼게."
"내가 너보다 두 장이 더 많아."

텃밭에서 수확한 식물을 이용해 오리고 붙이면서 자신만의 개성 있는 미술활동을 해보았다. 식물은 풀로 잘 붙지 않아서 목공용 풀을 이용했다.

언플러그드 코딩활동 - 교구 제작하기

다양한 자료나 재료를 이용하여 자신이 관심 있는 텃밭 생물에 대해 교구를 만들어 보았다. 먼저 활동방법을 계획하고 그에 맞는 규칙을 선정한 후 재료를 이용하여 꾸며보았다. 전시회를 열어서 친구들의 교구를 감상해 보기도 하였다.

과학활동 - 꽃숲마당의 곤충 관찰

유아들이 꽃숲마당 보물찾기 활동 중 발견한 거미를 관찰 상자에 담아서 그 모양과 특징에 대해 알아보았다. 다리의 모양 및 움직임을 관찰하면서 그리기도 하고 여러 가지 미술재료를 이용하거나 신체를 이용해 특징을 표현해 보았다.

"개미가 줄 지어 가고 있다!!!!"
"맨 앞에 대장개미가 과자를 물고 간다."
"졸병개미들이 그 뒤를 졸졸 따라가네."

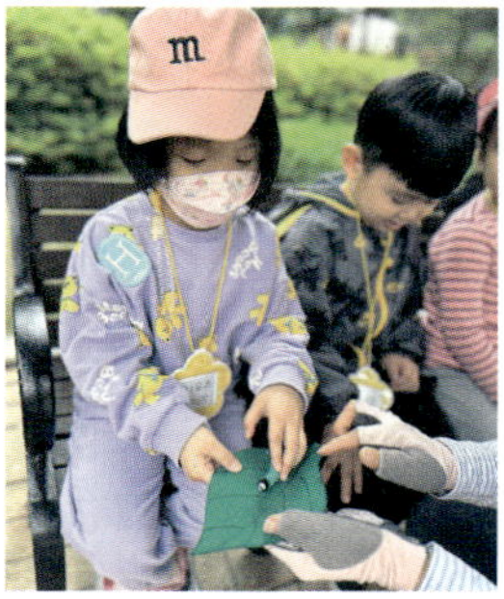

"동그란 뽕뽕이로 애벌레를 만들어서 초록색 나뭇잎 위에 올려놔 볼까?"
"배고픈 애벌레는 나뭇잎을 먹고 몸이 건강해지는 거잖아."
"그런데 애벌레는 만지면 왜 갑자기 몸을 동그랗게 만들지?"
"애벌레 다리 쪽에서 지독한 냄새 나는 물이 뿜어져 나온 거 같아."
"윽! 냄새가 지독하다."

지속가능 발전교육 - 해충트랩 만들기

유아들은 다양한 텃밭 생물들의 특성에 대해 알아보면서 작물의 성장에 방해가 되는 해충에 대해 관심을 갖게 되었다. 환경을 보전하면서도 해충을 잡을 수 있는 방법에 대해 함께 이야기 나누면서 해충을 잡는 덫을 만들어 보았다.

"이게 무슨 냄새지? 가루는 냄새가 안 났는데 물을 섞으니까 너무 냄새가 심해."
"막걸리 냄새가 너무 심해서 곤충들이 여기 와서 정신을 잃을 거 같아."
"맞아, 우리도 이렇게 냄새 맡으니까 도망가고 싶지?"
"하루 지나서 냄새가 더 심해졌다."
"꽃숲마당에 갖다 놓으면 엄청 많은 해충들이 몰려들 거야."
"흘리지 않도록 조심조심히 땅에 묻어주자."

유아들은 아침마다 등원 길에 텃밭에 들러서 자신들이 직접 설치한 해충트랩에 몇 마리의 해충들이 빠져있는지 세어보기도 하고, 작물에 피해를 입히는 해충이 없는지 살펴보기도 하였다.

텃밭 생물 '도전 골든벨' 활동

유아들이 텃밭에서 경험한 다양한 지식들을 확장할 수 있도록 '도전 골든벨'을 진행해 보았다. 텃밭 생물에 대해 책에서 본 내용이나 직접 텃밭에서 경험한 것들이 모두 이야깃거리가 되었다.

유아들이 직접 '도전 골든벨'에 함께 낼 문제를 만들어 보고 정답을 보드에 마커를 이용해서 적어보았다. 다양한 텃밭 생물에 대해 유아들의 관심을 알아볼 수 있었다.

텃밭 작물 수확하기

텃밭에서 유아들이 직접 키운 작물을 수확하고 그 작물을 이용하여 요리 계획도 함께 세워보았다. 무, 배추, 대파, 갓 등의 재료로 김장활동을 계획하고 수확하는 과정에서 흙에 대해 관심을 보였다.

가지에서 수확하는 작물이 아닌 흙에서 자라는 작물이나 흙속 생물, 다양한 종류의 곤충들은 어떠한 생태의 특성을 가지고 있는지에 대해 이야기를 나누었다.

"흙 속에는 영양분이 많아서 이렇게 배추가 쑥쑥 자란 거겠지?"
"원래 비가 올 때 영양분이 흙 속으로 들어가는 거 아닐까?"
"흙이 포근하게 뿌리를 감싸주니까 더 쑥쑥 자라는 거 같아."
"배추가 흙에서 안 자랐으면 벌써 죽었을 거야."
"흙이 부드러우니까 잘 자라는 거지."
"흙은 날아가기도 하잖아. 흙이 미세먼지가 되는 거 아닐까?"

흙만짐 놀이

흙의 질감에 대해 관심을 보이는 유아들은 텃밭의 흙을 직접 교실로 가지고 와서 흙을 자세히 관찰하기도 하고 물에 넣어 보기도 하면서 흙의 특성에 대해 알아보았다. 흙색이면서 점도가 높은 도예용 흙을 가지고 유치원 텃밭을 구성해 보았다.

"흙이 말랑말랑하네? 발로 밟아도 느낌이 엄청 좋아."
"여기에 빨대를 꽂으면 고슴도치가 될 것 같은데?"
"나뭇잎을 붙여서 나무를 만들어 보자."

몬스테라 화분 만들기

교실에서 흙을 관찰하고 흙을 이용한 활동을 계획하면서 잎으로 미세먼지를 빨아들이는 기능이 있는 '몬스테라'에 관심이 머물렀다. 교실에 몬스테라를 키우면 좀 더 깨끗한 공기를 만들 수 있을 것이라고 예상했다.

알고리즘 - 미세먼지 없애는 로봇 설계하기

미세먼지를 없애는 로봇을 설계하기 위해서 유아들은 먼저 어떤 모양으로 만들지 디자인하는 시간을 가졌다. 어떤 모양으로 만들 것인지, 어떤 재료를 이용할 것인지 서로 이야기 나누면서 그리기도 하고 지우기도 하면서 계획해 보았다.

다음으로, 유아들은 디자인한 로봇을 만들기 위해 여러 가지 재료를 수집했다.

유아들이 디자인한 로봇을 만들기 위해 각자 꾸밀 영역을 정하고 재료를 이용해서 각 부분을 만들었다. 각자 가정에서 재활용할 물품들을 모아서 로봇의 각 부분에 사용하기도 하였다.

"여기에 팔을 붙여야 하지 않나?"
"맞아, 아래쪽에는 미세먼지를 흡입하는 돌아가는 입구가 있어야 하는데..."
"여기는 다른 재료로 바꿔야 할 것 같아. 크기가 잘 안 맞아."

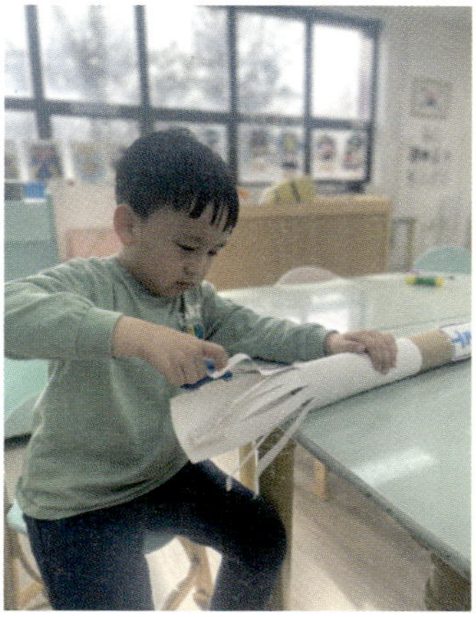
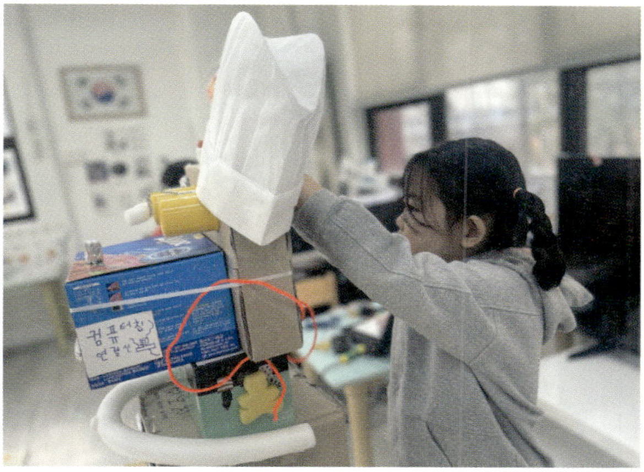

유아들이 미세먼지 흡입 로봇청소기를 만드는 과정을 설계하고, 필요한 재료를 선정하며 계획을 수정하거나 보완하면서 함께 만들어 보았다.

2. 교재·교구 활용의 실제

1) 0~2세 표준보육과정에 따른 교재·교구 활용

(1) 0~1세 교재·교구 활용

교구 1 동물 안전 거울

활동목표

신체운동 〉 감각과 신체 인식하기 〉 신체를 탐색한다.

- 거울에 비친 자신의 신체를 탐색한다.
- 신체 각 부분의 명칭을 안다.
- 신체 움직임을 탐색한다.

준비물

동물 얼굴 도안(앞·뒷면), 펠트지(흰색, 분홍, 주황, 회색, 검정 등), 안전거울, 실, 바늘, 가위

제작방법

① 동물 모양 도안대로 앞·뒷면의 펠트지를 재단한다.
② 얼굴 모양 앞면에 바느질로 눈과 귀를 만든다.
③ 재단된 펠트지 사이에 안전거울을 부착하고 바느질로 마감한다.

활동방법

① 거울을 보면서 거울 속에 무엇이 보이는지 이야기 나눈다.

② 거울 속에 보이는 신체 부위의 이름을 알려준다.

③ 영아와 함께 몸을 움직이면서 거울을 통해 움직임을 탐색한다.

참고사항

- 거울의 크기를 다양하게 하여 신체의 부분부터 전체를 볼 수 있다.

교구 2 고리 넣기

활동목표

신체운동 〉 신체활동 즐기기 〉 대소근육을 조절한다.

• 눈과 손을 협응하여 소근육을 조절한다.

• 양손으로 물체를 잡는 경험을 한다.

자연탐구 〉 생활 속에서 탐구하기 〉 물체의 수량에 관심을 가진다.

• 수량에 관심을 갖는다.

준비물

동물 얼굴 고리 도안, 펠트지, 백업, 솜, 실, 바늘, 글루건, 가위

제작방법

① 동물 얼굴 고리 도안대로 앞·뒷면의 펠트지를 재단하여 사이에 솜을 넣고 바느질한다.

② 얼굴 모양 앞면에 바느질로 눈과 귀를 만든다.

③ 백업을 한 개는 둥글게 말고, 또 다른 한 개는 막대 모양으로 만들어 파란색 펠트지로 감아 글루건으로 붙인다.

④ 둥글게 말아 만든 백업과 막대 모양 백업을 고리 막대 형태로 고정한다.

활동방법

① 영아와 함께 고리 막대와 고리를 탐색한다.

② 고리를 양손으로 잡아서 고리 막대에 끼운다.

③ 영아가 고리를 끼울 때 고리의 수에 맞추어 숫자를 말해준다.

④ 고리를 위로 뺀 후 활동을 반복한다.

참고사항

- 활동에 익숙해지면 적당한 거리를 두고 던져서 고리 막대에 끼워보는 대근육 활동으로 활용할 수 있다.

교구 3 양말 인형 쉐이커

활동목표

예술경험 〉 창의적으로 표현하기 〉 소리와 리듬, 노래로 표현한다.

- 음악에 맞춰 활동해 보면서 리듬감을 익힌다.
- 다양한 박자의 음악에 맞춰 활동해 보면서 박자 감각을 형성한다.
- 양말의 부드러운 촉감을 느껴본다.

준비물

양말, 요구르트병, 솜, 쌀(또는 곡식), 바늘, 실, 가위

제작방법

① 뚜껑 있는 요구르트병을 씻어 잘 말린다.
② 요구르트병 안에 쌀이나 곡식을 넣고 뚜껑이 열리지 않게 잘 닫는다.
③ 양말에 솜을 채우고 미리 만든 요구르트병을 넣는다.
④ 나머지 부분에 솜을 더 채운 후 입구를 바느질하여 밀봉한다.
⑤ 양말의 캐릭터 모양에 맞추어 바느질한다.

활동방법

① 양말 쉐이커를 만져보고 흔들어 보면서 탐색한다.
② 어떤 소리가 나는지 이야기 나눈다.
③ 노래나 음악에 맞추어 흔든다.
④ 다양한 박자의 음악을 들어보고 박자에 맞추어 흔든다.

참고사항

- 서로 다른 종류의 곡식을 넣어 다양한 소리를 낼 수 있다.
- 다양한 캐릭터 인형을 만들어 역할놀이에 이용할 수 있다.

교구 4 치카 치카 이 닦기

활동목표

기본생활 〉 건강하게 생활하기 〉 도움을 받아 몸을 깨끗이 한다.

- 이 닦는 경험을 한다.
- 이 닦는 순서를 안다.

신체운동 〉 감각과 신체 인식하기 〉 신체를 탐색한다.

- 눈과 손을 협응하여 이를 닦는다.

준비물

종이 상자 2개, 하얀색 계란판, 초록색·파란색 펠트지, 칫솔, 가위, 글루건

제작방법

① 종이 상자 두 개를 초록색 펠트지로 싼다.

② 하나의 초록색 종이 상자 위에 계란판의 볼록한 부분을 오려 악어의 이빨 자리에 붙인다.

③ 다른 하나의 초록색 상자에는 악어의 눈을 만들어 붙인다.

④ 작업한 두 개의 상자를 연결하여 악어를 완성한다.

활동방법

① 이 닦기의 중요함에 대해 이야기를 나눈다.

② 교사가 악어 모형을 보여주며 칫솔을 들고 이 닦는 시범을 보인다.

③ 영아가 직접 이 닦는 흉내를 내본다.

참고사항

• 악어와 관련된 음률이나 역할놀이 시 활용할 수 있다.

교구 5 모양 애벌레

활동목표

자연탐구 〉 자연과 더불어 살기 〉 주변의 동식물에 관심을 가진다.
- 물체의 색과 모양을 탐색한다.

신체운동 〉 신체활동 즐기기 〉 대소근육을 조절한다.
- 소근육을 조절해 본다.

준비물

여러 가지 색의 펠트지, 솜, 둥근 자석, 바늘, 실, 글루건

제작방법

① 펠트지를 애벌레의 얼굴이 될 동그라미 모양 6장으로 자른다.
② 하트, 별, 세모, 네모, 원 등 애벌레의 몸이 될 다양한 모양을 각각 2장씩 자른다.
③ 모양 펠트지 가운데에 둥근 자석을 글루건을 이용해 붙인다.
④ 자석을 붙인 얼굴과 모양 펠트지를 꿰맨다.
⑤ 솜을 채워 넣고 나머지 부분을 꿰맨다.
⑥ 애벌레의 눈, 코, 볼을 펠트지를 오려 글루건으로 붙이고, 입은 바느질을 하여 완성한다.

활동방법

① 애벌레의 얼굴과 다양한 모양을 만져보며 느낌을 탐색한다.
② 자석끼리 붙을 때의 느낌을 느껴본다.
③ 애벌레의 얼굴에 원하는 길이만큼 모양을 붙여 애벌레를 만들어 본다.

참고사항

- 같은 모양이나 색깔로 짝을 지어본다.
- 다양한 촉감의 천을 이용하여 애벌레의 몸을 만들어 본다.

교구 6 촉감 느끼기

활동목표

자연탐구 〉 탐구과정 즐기기 〉 사물과 자연 탐색하기를 즐긴다.

- 다양한 사물을 탐색한다.
- 사물에 따른 촉감 차이를 인식한다.

신체운동 〉 감각과 신체 인식하기 〉 감각적 자극에 반응한다.

- 다양한 촉감의 재료들 위로 걷는다.

준비물

도화지, 다양한 느낌의 천, 뽁뽁이, 골판지, 알루미늄 호일, 골판지, 휴지 속심, 나무막대, 보슬이 등

제작방법

① 교실 입구 바닥에 도화지를 이용하여 길을 만든다.

② 다양한 촉감의 재료를 간격을 맞추어 붙인다.

활동방법

① 영아에게 촉감이 다른 재료를 만져보도록 한 후 느낌에 대해 이야기 나눈다.

② 맨발로 다양한 촉감길 위를 걸어본다.

③ 걸어본 느낌에 대해 이야기 나눈다.

참고사항

- 영아가 균형을 잡을 수 있도록 평평한 바닥 위에서 활동한다.
- 슬리퍼나 고무신 등 다양한 촉감 신발을 만들어 제시한다.

교구 7 포도 완성하기

활동목표

자연탐구 〉 생활 속에서 탐구하기 〉 물체의 수량에 관심을 가진다.

- 휴지 속심과 뽕뽕이를 일대일로 대응시킨다.

신체운동 〉 신체활동 즐기기 〉 대소근육을 조절한다.

- 소근육을 조절해 본다.

준비물

노란색 하드보드지, 휴지 속심, 펠트지, 보라색 뽕뽕이, 글루건

제작방법

① 노란색 하드보드지를 20cm×20cm로 자른다.

② 휴지 속심을 3cm 높이로 오려 10개를 만든다.

③ 펠트지를 이용하여 포도 줄기를 만들어 붙인다.

④ 휴지 속심을 보라색 펠트지로 감싼 후, 글루건을 이용하여 포도송이 모양으로 붙인다.

활동방법

① 속이 비어 있는 포도송이를 보며 이야기한다.

② 보라색 뽕뽕이를 만져보며 느낌을 말해본다.

③ 휴지 속심 하나에 한 개의 뽕뽕이를 넣는다.

④ 10개의 휴지 속심 안에 뽕뽕이를 모두 넣는다.

참고사항

- 포도판에 뽕뽕이를 가득 채워 넣은 다음 뽕뽕이를 꺼내는 방법으로 활용할 수 있다.

(2) 2세 교재·교구 활용

교구 1 과일의 겉과 속

활동목표

자연탐구 〉 생활 속에서 탐구하기 〉 주변 사물을 같고 다름에 따라 구분한다.

- 과일의 겉모양과 속모양을 탐색한다.

신체운동 〉 신체활동 즐기기 〉 대소근육을 조절한다.

- 눈과 손의 협응력을 기른다.
- 똑딱단추를 조작해 보며 소근육 발달을 돕는다.

준비물

여러 색의 펠트지, 과일의 속 모양 사진 자료, 투명시트지, 똑딱단추, 솜, 실, 바늘, 가위

제작방법

① 각각의 과일 모양대로 펠트지를 자른다.

② 과일 앞면에 과일 꼭지와 얼굴 표정을 꾸민다.

③ 과일의 속 모양 사진 자료를 과일 모양에 맞추어 오린 후 투명시트지를 붙인다.

④ 과일 모양 펠트지 안에 솜을 채우고 바느질한다.

⑤ 과일을 열고 닫을 수 있도록 똑딱단추를 바느질한다.

활동방법

① 과일의 겉모양을 탐색해 어떤 과일인지 이야기해 본다.

② 과일의 속은 어떤 모양일지 예측해 본다.

③ 똑딱단추를 열어 속 모양을 탐색한다.

④ 다른 과일들과의 겉과 속 모양을 비교해 본다.

참고사항

• 소근육 발달이 미흡한 영아는 똑딱단추를 조작하는 것에 어려움을 느낄 수 있으므로 교사의 충분한 지도가 이루어져야 한다.

교구 2 자석 낚시 놀이

활동목표

신체운동 〉 감각과 신체 인식하기 〉 감각 능력을 활용한다.

- 눈과 손의 협응력을 기른다.
- 팔의 움직임을 조절한다.

자연탐구 〉 자연과 더불어 살기 〉 주변의 동식물에 관심을 가진다.

- 동물의 이름을 안다.
- 동물 생김새의 차이를 인식한다.

준비물

다양한 색의 펠트지, 클립, 솜, 실, 바늘, 가위, 둥근 자석, 끈, 나무막대, 글루건

제작방법

① 파란 펠트지를 정사각형으로 오린 후 바닷속을 꾸며준다.

② 다양한 바다 동물들을 펠트지로 오린다.

③ 오린 펠트지 사이에 솜을 넣고 클립을 반만 넣어 바느질한다.

④ 바다 동물들의 모습을 예쁘게 꾸민다.

⑤ 둥근 자석에 끈을 묶어 나무막대에 연결해 낚싯대를 완성한다.

활동방법

① 바닷속을 탐색해 본다.

② 바다 동물을 보며 모양과 이름을 말해본다.

③ 낚싯대에 물고기가 어떻게 잡히는지 이야기 나눈다.

④ 낚싯대를 이용해 바다 동물을 잡아본다.

참고사항

- 낚싯대를 두 개 준비해 주어 친구와 함께 게임을 할 수 있다.
- 역할영역에서 다양한 방법으로 놀이할 수 있다.

교구 3 모래 시계

활동목표

자연탐구 〉 탐구과정 즐기기 〉 주변 세계와 자연에 대해 호기심을 가진다.

- 색 모래가 위에서 아래로 떨어진다는 것을 알 수 있다.
- 색 모래가 떨어지는 속도의 차이를 알 수 있다.

준비물

둥근 모양의 투명 페트병, 색 모래, 송곳, 글루건, 레이스

제작방법

① 둥근 모양의 페트병을 준비한다.
② 페트병의 뚜껑에 송곳을 이용하여 구멍을 뚫는다.
③ 각각의 모래시계마다 구멍의 크기를 다르게 한다.
④ 페트병의 한쪽에 색 모래를 넣고 구멍 뚫린 뚜껑으로 막는다.
⑤ 비어 있는 페트병을 글루건을 이용해 모래시계 모양으로 연결한다.
⑥ 모래시계의 가운데 뚜껑 부분에 레이스를 붙여준다.

활동방법

① 모래시계를 흔들어 색 모래의 색과 모양, 소리를 탐색해 본다.
② 색 모래가 들어 있는 부분을 위로 향하게 놓으면 어떻게 될지 예측해 본다.
③ 모래가 떨어지는 모습과 속도를 탐색해 본다.

참고사항

- 영아들의 생활 속에서 모래시계를 사용한다.

교구 4 변신 꼬마 요정

활동목표

자연탐구 〉 탐구과정 즐기기 〉 주변 세계와 자연에 대해 호기심을 가진다.

- 솔방울 모양을 탐색한다.
- 앞면과 뒷면의 모양이 다른 손수건을 탐색한다.

예술경험 〉 창의적으로 표현하기 〉 일상생활 경험을 상상놀이로 즐긴다.

- 손수건 인형을 가지고 상상놀이를 한다.

준비물

앞면과 뒷면의 무늬가 다른 손수건, 솔방울 2개, 글루건, 가위, 끈

제작방법

① 무늬가 있는 손수건의 가운데 부분을 잡는다.

② 글루건을 이용하여 솔방울을 붙이고 같은 모양의 손수건으로 고깔모자를 만들어 붙인다.

③ 손수건을 뒤집어 무늬가 없는 부분에 솔방울과 고깔모자를 붙인다.

④ 각각의 고깔모자 끝에는 끈으로 고리를 만들어 붙인다.

활동방법

① 손수건 인형을 살펴본다.

② 손수건을 무늬가 있는 곳과 없는 곳을 뒤집어 보며 탐색한다.

③ 친구들과 손수건 인형을 변신시키며 요정놀이를 한다.

참고사항

- 역할영역에서 자유롭게 놀이할 수 있도록 한다.
- 솔방울 대신 영아들이 좋아하는 동물 얼굴을 붙여주어 놀이할 수 있도록 한다.

교구 5 유치원에 가요

활동목표

자연탐구 〉 생활 속에서 탐구하기 〉 물체의 수량에 관심을 가진다.

- 3개가량의 구체물을 세어보고 수량을 알아본다.

사회관계 〉 더불어 생활하기 〉 반에서의 규칙과 약속을 알고 지킨다.

- 게임에서 지켜야 할 약속을 정한다.
- 친구와 규칙을 지키며 순서대로 놀이한다.

준비물

하드보드지, 색지, 유치원(어린이집) 버스 그림 자료, 우리 반 친구들 얼굴 사진, 투명시트지, 코팅지, 찍찍이, 마스킹테이프

제작방법

① 하드보드지에 유치원(어린이집) 버스 그림 자료를 붙인다.
② 투명시트지를 붙이고 보슬이를 적당한 간격으로 붙인다.
③ 마스킹테이프로 테두리를 마무리한다.
④ 우리 반 친구들 얼굴 사진을 동그랗게 오린 후 코팅한다.
⑤ 코팅해서 오린 친구 얼굴 뒤에 까슬이를 오려 붙인다.
⑥ 하드보드지를 이용하여 1~3까지의 숫자가 있는 정육면체의 주사위를 만든다.

활동방법

① 친구와 게임판을 하나씩 나누어 가진다.
② 게임 순서를 정한 후 주사위를 던진다.
③ 주사위에 나온 수만큼 우리 반 친구 얼굴을 내 게임판에 붙인다.
④ 친구를 버스에 더 많이 붙인 사람이 이긴다.

참고사항

- 자신이 붙였던 친구를 떼며 숫자를 세어본다.
- 친구를 버스에서 내려주는 게임 형식으로도 진행할 수 있다.

교구 6 고구마를 모아요

활동목표

자연탐구 〉 생활 속에서 탐구하기 〉 물체의 수량에 관심을 가진다.
• 3개의 구체물을 세어보고 수량을 알아본다.

자연탐구 〉 자연과 더불어 살기 〉 주변의 동식물에 관심을 가진다.
• 가을에 볼 수 있는 곡물이 고구마임을 안다.

준비물

하드보드지, 시트지, 마스킹테이프, 찍찍이, 고구마 사진, 검정색 스티커

제작방법

〈게임판〉

① 하드보드지를 30cm×20cm 크기로 2장을 자른다.
② 자른 하드보드지 위에 보라색 시트지를 붙인 후 보슬이를 붙인다.
③ 게임판을 마스킹테이프로 마무리한다.
④ 완성된 게임판에 '고구마'라는 글자를 써서 붙인다.
⑤ 고구마 사진을 오려 코팅한 후 뒷면에 까슬이를 붙여 게임판에 붙인다.

〈점수판〉

① 하드보드지를 지름 15cm의 크기로 두 장 오린다.
② 오린 점수판에 각각 분홍색과 노란색 시트지를 붙인 후 보슬이를 붙인다.

〈주사위〉

① 하드보드지를 이용하여 각 길이가 6cm 크기인 정육면체를 만든다.

② 정육면체에 주황색 시트지를 붙이고 검정색 스티커를 1~3까지 들어가도록 붙인다.
③ 마스킹테이프로 주사위의 각 모서리를 마무리한다.

활동방법

① 게임판과 점수판을 하나씩 나누어 갖는다.
② 주사위를 던져 나온 수만큼 게임판에서 고구마를 떼어 점수판에 붙인다.
(게임판의 고구마 개수보다 점수판의 보슬이 수가 적어야 한다)
③ 먼저 점수판에 고구마를 다 붙인 사람이 이긴다.

참고사항

- 고구마 외에도 가을에 볼 수 있는 다양한 곡물로 확장해서 준비해 준다.
- 점수판의 수를 늘려 3~4명의 유아가 함께 게임할 수 있다.

2) 3~5세 2019 개정 누리과정에 따른 교재·교구 활용

(1) 3세 교재·교구 활용

교구 1 잉잉잉

활동목표

의사소통 〉 듣기와 말하기 〉 자신의 경험, 느낌, 생각을 말한다.

• 동요에 나오는 표현에 관심을 갖는다.

예술경험 〉 창의적으로 표현하기 〉 노래를 즐겨 부른다.

• 다양한 방법으로 노래를 표현할 수 있다.

준비물

빨강, 초록, 주황색 부직포, 나무막대, 고무줄, 인형 눈, 가위, 펀치

제작방법

〈가면〉

① 노랫말에 나오는 사물을 유아 얼굴 크기에 맞게 자른다.

② 눈 부분을 오려내고 입 모양을 부직포로 오려 붙인다.

③ 가면의 양 끝을 펀치로 뚫고 고무줄로 연결하여 완성한다.

〈막대인형〉

① 노랫말에 나오는 사물을 부직포로 만든다.

② 인형 눈을 붙이고 다양한 표정을 부직포로 만들어 붙인다.

③ 뒷면에 나무막대를 붙여 막대인형을 완성한다.

활동방법

① '잉잉잉' 노래를 배운다.

② 가면과 막대인형을 이용해 노래를 불러본다.

〈노래〉

잉잉잉

고추밭에 고추는 뾰족한 고추 빨간고추 초록고추 모두 뾰족해
댕글댕글 사과가 놀러 왔다가 아야아야 따가워서 잉잉잉
오이밭에 오이는 날씬한 오이 이리 봐도 저리 봐도 날씬한데
둥글둥글 호박이 놀러 왔다가 나는 언제 예뻐지나 잉잉잉

참고사항

- 동극할 때 소품으로 활용할 수 있다.
- 역할영역에 놓아주어 역할놀이에 사용할 수 있다.

교구 2 공을 붙여주세요

활동목표

의사소통 〉 읽기와 쓰기에 관심 가지기 〉 말과 글의 관계에 관심을 가진다.

• 운동 종목의 이름을 안다.

자연탐구 〉 생활 속에서 탐구하기 〉 일상에서 모은 자료를 기준에 따라 분류한다.

• 운동 종목을 기준으로 공을 분류한다.

준비물

네 가지 운동으로 나누어진 그림 자료, 축구공, 농구공, 야구공, 셔틀콕 그림 자료, 우드락, 코팅지, 할핀, 색지, 찍찍이

제작방법

① 네 가지 운동(축구, 야구, 농구, 배드민턴)으로 나누어진 게임판을 코팅한다.

② 코팅한 게임판에 보슬이를 붙인 후 뒤에 우드락을 잘라 붙인다.

③ 축구공, 농구공, 야구공, 셔틀콕을 모양에 따라 오린 후 코팅한다.

④ 코팅된 공 모양 뒤에 까슬이를 붙인다.

⑤ 네 종류의 공 모양이 있는 동그란 돌림판을 만든 후 코팅한다.

⑥ 색지로 화살표를 만들어 코팅한 후 할핀으로 고정해 완성한다.

활동방법

① 두 명의 유아가 게임판을 하나씩 나누어 갖는다.

② 운동 종목과 운동에 사용하는 공을 알아본다.

③ 돌림판을 돌려 화살표가 멈춘 곳의 공을 살펴본다.

④ 공 그림을 맞는 운동 종목 칸에 붙인다.
⑤ 공 그림이 다 없어질 때까지 게임을 한다.
⑥ 공을 더 많이 가져간 사람이 이긴다.

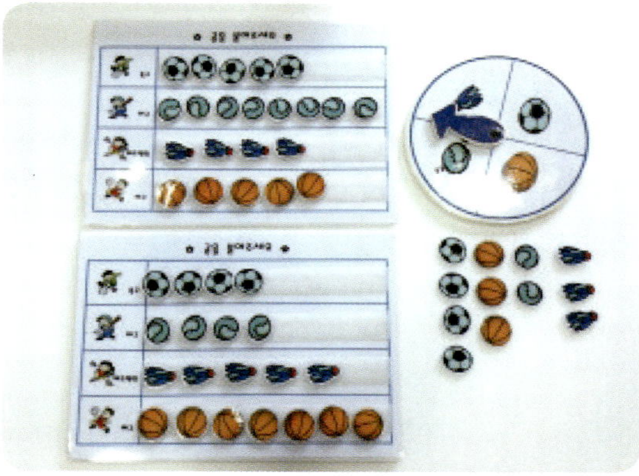

참고사항

- 공의 구분이 뚜렷한 다른 운동 종목으로 게임을 확장시킬 수 있다.
- 화살표를 돌리는 돌림판을 어려워하는 유아에게는 공 모양이 그려진 주사위를 준비해 준다.

교구 3 나무를 심어주세요

활동목표

자연탐구 〉 생활 속에서 탐구하기 〉 물체를 세어 수량을 알아본다.

• 사물을 세고 수와 양을 연결한다.

사회관계 〉 더불어 생활하기 〉 약속과 규칙의 필요성을 알고 지킨다.

• 친구와 규칙을 지키며 즐겁게 게임활동에 참여한다.

준비물

하드보드지, 투명시트지, 마스킹테이프, 찍찍이, 부직포(연두색, 갈색), 글루건

제작방법

① 하드보드지에 '나무를 심어주세요'라는 글과 나무를 붙일 네모 칸을 그린 후 투명시트지를 붙인다.

② 보슬이를 길게 두 줄로 붙인 후 마스킹테이프로 마무리한다.

③ 연두색과 갈색 부직포를 오려 나무를 만든다.

④ 완성된 나무 뒷면에 까슬이를 붙인다.

활동방법

① 게임판을 각각 나누어 갖는다.

② 주사위를 던져 나온 수를 확인한다.

③ 던져 나온 수만큼 게임판에 나무를 붙인다.

④ 나무를 다 붙인 후 많이 붙인 사람이 이긴다.

참고사항

• 부직포로 만든 나무를 '환경보전'이나 '식물' 등의 다양한 주제의 자료로 사용할 수 있다.

교구 4 친구 얼굴 꾸미기

활동목표

사회관계 〉 나를 알고 존중하기 〉 나의 감정을 알고 상황에 맞게 표현한다.

- 표현할 수 있는 다양한 표정이 있음을 안다.
- 감정에 따라 표정이 달라짐을 이해한다.
- 스스로 표정을 만들어 보고 감정을 표현해 본다.

준비물

함석판, 고무자석, 남·여 얼굴 그림, 다양한 형태의 얼굴 각 부분 사진, 마스킹테이프, 투명시트지, 코팅지

제작방법

① 함석판 30cm×25cm 2개 위에 각각 남자와 여자의 얼굴 그림을 붙인다.
② 투명시트지를 그림 위에 붙이고 마스킹테이프로 마감한다.
③ 다양한 형태의 얼굴 각 부분 사진을 오려 코팅한다.
④ 코팅한 얼굴 부분 사진에 맞춰 고무자석을 오리고 붙인다.

활동방법

① 다양한 얼굴 표정에 대해 이야기 나눈다.
② 자유롭게 얼굴을 완성해 보도록 한다.
③ 완성된 얼굴을 보며 어떠한 상황에서의 감정일지 이야기 나눈다.

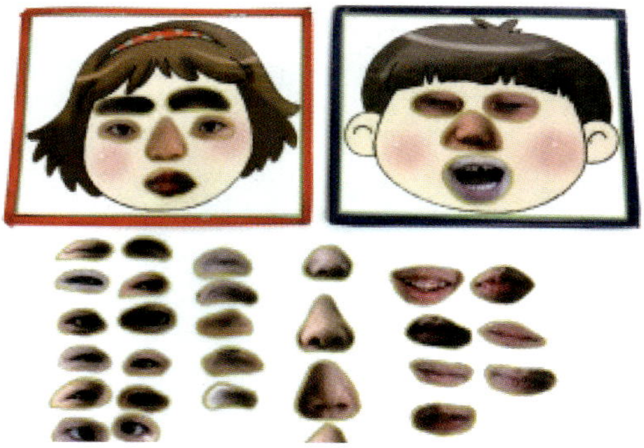

참고사항

• 다양한 머리 스타일과 액세서리를 준비해 주어 꾸며볼 수 있도록 한다.

교구 5 수영복 입히기

활동목표

신체운동·건강 〉 건강하게 생활하기 〉 질병을 예방하는 방법을 알고 실천한다.

• 여름철 물놀이에서의 옷차림을 안다.

• 계절에 따라 옷차림이 달라짐을 안다.

준비물

하드보드지, 부직포, 펠트지, 실, 바늘, 가위, 글루건

제작방법

〈활동판〉

① 하드보드지 위에 파란색과 노란색 부직포를 반씩 나누어 붙인다.

② 펠트지를 이용하여 남·여 아이의 몸을 만들어 붙인다.

③ 수영모자, 물안경, 구명조끼, 튜브, 수영복을 펠트지를 이용해 2개씩 만든다.

〈주사위〉

① 하드보드지를 이용하여 정육면체를 만든다.

② 펠트지를 잘라 정육면체에 붙이고 모서리를 바느질한다.

③ 한 면에 물놀이 용품 한 개씩을 붙이고, 마지막 한 면에는 '꽝'을 만들어 붙인다.

활동방법

① 두 명의 유아가 남자아이와 여자아이를 선택한다.

② 주사위를 굴려 나온 물놀이 용품을 나의 게임판에 붙인다.

③ '꽝'이 나오면 붙일 수 없다.

④ 먼저 물놀이 용품을 다 입힌 유아가 이긴다.

참고사항

- 성별과 계절을 기준으로 하여 옷을 분류할 수 있도록 게임을 확장할 수 있다.
- 옷장을 만들어 흥미를 유발하고 정리정돈을 할 수 있도록 한다.

(2) 4세 교재·교구 활용

교구 1 동물 글자도장

활동목표

의사소통 〉 듣기와 말하기 〉 상황에 적절한 단어를 사용하여 말한다.
- 자음과 모음을 알고 구별한다.

의사소통 〉 읽기와 쓰기에 관심 가지기 〉 주변의 상징, 글자 등의 읽기에 관심을 가진다.
- 동물의 이름을 만들 수 있다.

준비물

신발상자, 요구르트병, 시트지, 두꺼운 도화지, EVA, 동물 사진과 이름 카드, 부직포, 스탬프, 글루건, 흰 종이

제작방법

〈글자도장 상자〉

① 신발상자를 시트지로 붙이고 상자 안쪽에 칸막이를 만든다.

② 상자 뚜껑에 EVA로 '글자도장'이라고 만들어 글루건으로 붙인다.

〈글자도장〉

① 요구르트병을 깨끗이 씻어 준비한다.

② 요구르트병 입구 구멍 크기에 맞게 두꺼운 도화지를 오린다.

③ 자음과 모음을 시트지로 오려 두꺼운 도화지에 붙인다.

④ 글루건으로 요구르트병 입구에 붙인다.

⑤ EVA를 자음과 모음으로 오린다.

⑥ 각각의 자음과 모음이 붙어 있는 요구르트병 바닥에 글루건을 이용하여 EVA 자음과 모음을 붙인다.

〈동물 글자카드〉

① 동물 사진과 이름이 있는 자료를 코팅하여 모서리를 둥글게 오린다.

② 만들어진 동물 글자카드를 부직포로 만든 주머니에 넣는다.

활동방법

① 부직포 주머니에서 동물 글자카드 한 장을 꺼낸다.

② 동물 이름을 잘 살펴본다.

③ 글자도장에서 해당하는 자음과 모음을 찾는다.

④ 글자도장을 스탬프에 찍어 흰 종이에 글자를 만든다.

⑤ 만든 글자와 글자카드의 동물 이름이 맞는지 확인한다.

참고사항

• 동물 이름을 도장으로 찍은 것을 모아 작은 책으로 만들어 준다.

• 주제에 맞는 글자카드를 만들어 다양하게 준비해 준다.

교구 2 친구의 성은 무엇일까요?

활동목표

의사소통 〉 읽기와 쓰기에 관심 가지기 〉 자신의 생각을 글자와 비슷한 형태로 표현한다.

- 친구의 얼굴과 친구의 이름에 관심을 가진다.
- 점선으로 된 이름을 따라 써본다.

의사소통 〉 읽기와 쓰기에 관심 가지기 〉 주변의 상징, 글자 등의 읽기에 관심을 가진다.

- 보드마커를 이용하여 친구의 이름을 써본다.

준비물

종이 상자, 부직포, 모루, 두꺼운 도화지, 시트지, 친구 얼굴 사진, 코팅지, 보드마커, 보드마커 지우개, 글루건

제작방법

〈이름카드 상자〉

① 종이 상자를 두 칸으로 나눈 후 부직포로 감싸고 모루를 이용하여 윗면을 마무리한다.

② 부직포를 이용하여 '친구의 성은 무엇일까요?' 글자를 만들어 글루건으로 붙인다.

③ 두꺼운 도화지에 친구의 성이 적힌 택을 만들어 시트지를 붙인 후 종이상자에 넣는다.

〈친구 이름 카드〉

① 친구의 얼굴과 친구의 이름이 실선으로 쓰여진 글자카드를 만든다.

② 친구 이름 카드를 코팅하여 오린다.

③ 이름카드 상자에서 친구의 성과 같은 글자의 택이 있는 곳에 친구 이름 카드를 넣는다.

활동방법

① 이름카드 상자에서 친구 이름 카드 하나를 꺼낸다.

② 친구의 얼굴과 이름을 살펴본다.

③ 보드마커를 이용하여 실선으로 된 친구 이름을 따라 써본다.

④ 보드마커 지우개로 자신이 쓴 이름을 지우고 친구의 성이 있는 칸에 정리한다.

참고사항

- 친구의 사진과 실선 글자가 있는 작은 책을 만들어 주어 유아가 우리 반 친구들 책을 만들어 볼 수 있도록 준비해 준다.

교구 3 기억 게임

활동목표

자연탐구 〉 생활 속에서 탐구하기 〉 물체의 위치와 방향, 모양을 알고 구별한다.

• 기억게임을 통해 인지능력을 키운다.

자연탐구 〉 자연과 더불어 살기 〉 도구와 기계에 대해 관심을 가진다.

• 우리 주변에서 쉽게 볼 수 있는 생활도구와 기계에 관심을 가진다.

준비물

생활도구가 그려진 그림판, 기계가 그려진 그림판, 하드보드지, 장구핀, 노란 시트지

제작방법

〈기본판〉

① 하드보드지를 30cm×25cm의 크기로 2장 오린다.

② 오린 하드보드지 한 장에 5cm×5cm 크기로 가로 5칸, 세로 4칸씩 간격을 맞춰 구멍을 만든다.

③ 다른 한 장의 하드보드지에 5mm로 자른 3개의 하드보드지를 그림판이 들어가는 곳을 제외한 세 곳의 가장자리에 붙인다.

④ 두 장의 하드보드지를 붙여 기본판을 완성한다.

⑤ 5cm×5cm로 잘라낼 때 나온 조각을 노란 시트지로 감싼 후 장구핀을 붙여 손잡이를 만든다.

〈그림판〉

① 다양한 생활도구의 그림을 기본판 크기에 맞추어 컬러 인쇄한 후 코팅한다.

② 코팅한 그림판에 노란 시트지로 감싼 하드보드지를 이용하여 손잡이를 만들어 붙인다.

③ 생활기계 그림판도 같은 방법으로 만든다.

활동방법

① 그림판을 기본판에 넣는다.

② 손잡이가 있는 노란 조각으로 그림을 덮는다.

③ 친구와 가위바위보로 순서를 정한다.

④ 이긴 친구가 먼저 두 개의 덮개를 열어 그림을 확인한다.

⑤ 두 그림이 같으면 덮개를 가져오고, 두 그림의 그림이 서로 다르면 다시 덮개를 덮어놓는다.

⑥ 게임이 끝난 후 덮개를 더 많이 가져온 유아가 이긴다.

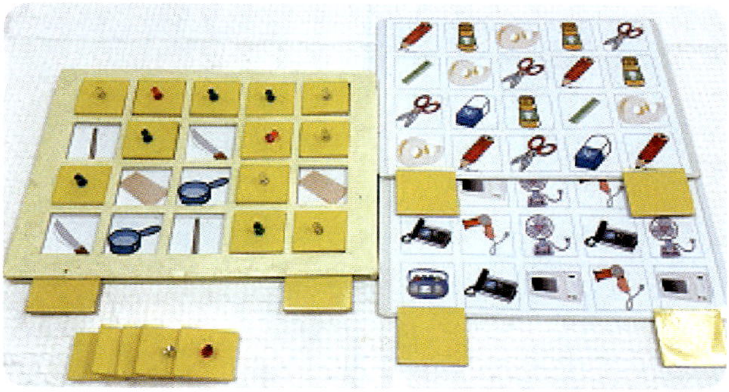

참고사항

- 활동에 익숙해지면 다른 그림판으로 교체하여 활동해 본다.
- 생활주제마다 다양한 그림판을 만들어 활동을 확장해 본다.

교구 4 색깔을 보고 맞추어요

활동목표

자연탐구 〉 생활 속에서 탐구하기 〉 물체의 위치와 방향, 모양을 알고 구별한다.

- 그림에 관심을 갖고 이름을 안다.
- 그림 모양의 차이를 인식한다.

자연탐구 〉 생활 속에서 탐구하기 〉 일상에서 모은 자료를 기준에 따라 분류한다.

- 그림 모양에 따라 구분한다.
- 색에 따라 구분한다.

준비물

다양한 그림과 색깔 도안, 코팅지, 마스킹테이프, 우드락, 투명시트지, 찍찍이

제작방법

〈기본판〉

① 하드보드지를 28cm×38cm 크키로 자른다.

② 26cm×36cm 크기의 흰 도화지에 세로 5칸×가로 4칸을 그린다.

③ 4가지 색과 3가지 다른 모양의 그림을 준비한다.

④ 기본판의 가로선에는 그림을 붙이고, 세로선에는 색을 붙인다.

⑤ 투명시트지를 붙이고, 마스킹테이프로 마무리한다.

〈그림카드〉

① 흰 도화지를 5cm×6cm로 12장 자른다.

② 하나의 그림마다 각각 4가지 색을 칠한다.

③ 그림카드를 코팅한 후, 모서리를 둥글게 오린다.

활동방법

① 그림카드를 보며 어떤 모양인지, 색은 어떠한지 이야기한다.

② 기본판의 가로선 윗부분과 세로선 왼편에 표시되어 있는 그림과 색을 살펴본다.

③ 기본판의 적당한 곳을 찾아 카드를 올려놓는다.

참고사항

- 두 명의 유아가 빙고 게임식으로 활동할 수 있다.
- 연령이 어린 유아들은 단순한 그림이나 유아들이 좋아하는 모양으로 준비해 줄 수 있다.

교구 5 기차 바퀴 완성하기

활동목표

신체운동·건강 〉 안전하게 생활하기 〉 교통안전 규칙을 지킨다.

- 육상교통기관의 탈것의 종류를 안다.
- 친구와 규칙을 지키며 즐겁게 게임 활동에 참여한다.

준비물

기차 그림 자료, 색지, 우드락, 코팅지, 바퀴 그림 자료, 여러 가지 탈것 그림 자료

제작방법

〈게임판〉

① 기차 그림 자료를 색지에 붙인다.

② 기차의 바퀴 부분을 하늘색 색지로 동그랗게 오려 붙인다.

③ 게임판을 코팅한 후 우드락에 붙인다.

④ 바퀴 부분에 보슬이를 붙인다.

〈바퀴카드〉

① 자전거, 오토바이, 자동차, 기차, 트럭의 바퀴 그림을 오린 후 코팅한다.

② 코팅하여 오려낸 바퀴 뒷면에 까슬이를 붙인다.

〈주사위〉

① 정육면체의 전개도를 그린다.

② 각 면에 자전거, 오토바이, 자동차, 기차, 트럭 그림과 '꽝'을 넣는다.

③ 그림을 넣은 전개도를 코팅한다.

④ 전개도를 접어 주사위를 만든다.

활동방법

① 두 명의 유아가 게임판을 하나씩 나누어 갖고 순서를 정한다.

② 주사위를 던져 나온 탈것의 바퀴를 기차에 붙인다.

③ '꽝'이 나오면 붙이지 않는다.

④ 먼저 기차의 바퀴를 다 붙이는 사람이 이긴다.

참고사항

- 게임에 익숙해지면 기차의 길이를 더 늘려준다.
- 숫자 주사위를 더하여 탈것 주사위와 함께 던져보는 활동으로 확장해 준다.

교구 6 구슬 미로

활동목표

신체운동·건강 〉 신체활동 즐기기 〉 신체 움직임을 조절한다.

• 소근육을 조절하여 구슬을 이동시킨다.

• 눈과 손의 협응력을 기른다.

자연탐구 〉 생활 속에서 탐구하기 〉 물체의 위치와 방향, 모양을 알고 구별한다.

• 위치와 방향에 대해 관심을 가진다.

준비물

하드보드지, 우드락, EVA, 글루건, 코팅지, 색 테이프, 구슬

제작방법

① 하드보드지 위에 우드락을 오려 테두리를 만들어 붙인다.

② EVA를 5mm 두께로 길게 잘라 글루건으로 미로를 만들어 붙인다.

③ 출발과 도착 부분을 표시해 주고, 예쁘게 그림을 그려 꾸민다.

④ 구슬을 넣고 투명한 코팅지를 위에 덮어 색 테이프로 붙여준다.

활동방법

① 구슬을 출발 지점에 놓는다.

② 판을 잡고 좌우로 흔들어 구슬을 옮긴다.

③ 막힌 미로에 들어가면 다시 판을 흔들어 구슬이 나오도록 한다.

④ 미로 안의 구슬을 옮기면서 도착지에 도착하면 게임이 끝난다.

참고사항

• 순서를 정해놓고 번갈아 가며 놀이할 수 있도록 한다.

(3) 5세 교재·교구 활용

교구 1 북극곰을 지켜주세요

활동목표

자연탐구 〉 탐구과정 즐기기 〉 주변 세계와 자연에 대해 지속적으로 호기심을 갖는다.

- 북극곰이 살 수 있는 환경과 살 수 없는 환경에 관심을 갖는다.

사회관계 〉 더불어 생활하기 〉 친구와 서로 도우며 사이좋게 지낸다.

- 둘이 함께 하는 놀이의 즐거움을 안다.

준비물

우드락, 한지, 종이테이프, 북극 빙하 사진, 북극곰 사진, 투명시트지, 코팅지, 찍찍이

제작방법

〈게임판〉

① 우드락을 20cm×25cm로 자른 후 하늘색 한지를 붙인다.

② 4cm×4cm의 칸으로 나누어 길을 만든다.

③ 각각의 칸에 북극곰을 지킬 수 있는 방법과 그렇지 못한 방법을 적어넣는다.

④ 게임판의 가운데에 우드락을 잘라 북극곰 카드를 넣을 수 있는 공간을 만든다.

⑤ 종이테이프로 테두리를 마무리한다.

〈빙하판〉

① 우드락을 10cm×15cm로 2장 자른 후 하늘색 한지를 붙인다.

② 북극의 빙하 사진을 붙이고 투명시트지를 붙인다.

③ 보슬이를 5개 붙이고 종이테이프로 테두리를 마무리한다.

〈북극곰〉

① 북극곰 사진을 오린 후 색지 위에 붙인다.

② 코팅하여 가위로 오린 후 뒷면에 까슬이를 붙인다.

활동방법

① 게임판 가운데에 북극곰을 올려놓는다.

② 빙하판을 나누어 갖고 친구와 순서를 정한다.

③ 주사위를 굴려 숫자만큼 말을 움직인다.

④ 북극곰을 지켜줄 수 있는 올바른 방법일 경우 북극곰을 자신의 빙하판에 붙인다.

⑤ 그렇지 않을 경우 북극곰을 가져가지 못한다.

⑥ 먼저 북극곰을 5마리 모으는 사람이 이긴다.

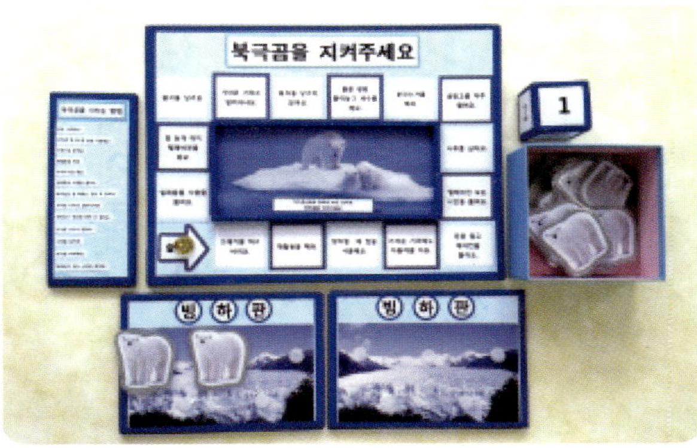

참고사항

• 활동이 익숙해지면 게임의 마무리를 북극곰 5마리로 제한하지 않고 준비한 북극곰 카드가 모두 없어질 때까지 게임을 진행할 수 있다.

교구 2 여름 과일 수수께끼

활동목표

의사소통 〉 읽기와 쓰기에 관심 가지기 〉 말과 글의 관계에 관심을 가진다.

의사소통 〉 듣기와 말하기 〉 상황에 적절한 단어를 사용하여 말한다.

- 질문에 맞는 답을 말로 표현한다.

준비물

스티로폼 공, 둥근 자석, 우드락, 아크릴물감, 과일 사진, 투명시트지, 색지, 작은 바구니

제작방법

〈수수께끼 카드〉

① 우드락을 6cm×10cm 크기로 자른 후, 색지를 붙인다.

② 과일 사진과 과일을 설명하는 글을 붙인다.

③ 투명시트지를 붙인다.

〈정답 공〉

① 스티로폼 공을 반으로 자른 후 아크릴물감으로 색칠한다.

② 반으로 자른 공의 안을 파내고 자석을 넣어 붙인다.
(이때 N극과 S극을 확인하여 서로 붙을 수 있도록 한다)

③ 정답을 한 글자씩 오려 코팅한 후 자석이 있는 곳에 붙인다.

활동방법

① 두 명의 유아가 서로 역할을 정한다.

② 한 명의 유아가 문제를 낸다.

③ 다른 한 유아가 스티로폼 공을 열어 정답을 확인한다.

④ 문제를 낸 유아가 정답인지 아닌지 알려준다.

⑤ 정답일 경우 스티로폼 공을 가져가고, 아닌 경우 다른 스티로폼 공을 열어 확인한다.

참고사항

- 두 명 혹은 더 많은 유아가 함께 활동할 수 있다.
- 생활주제에 맞추어 계속적으로 제시해 줄 수 있다.

교구 3 시계

활동목표

자연탐구 〉 탐구과정 즐기기 〉 주변 세계와 자연에 대해 지속적으로 호기심을 가진다.

- 시간의 단위에 초, 분, 시간이 있음을 안다.
- 시계 속 숫자가 5분 간격으로 나열되어 있음을 안다.
- 시계 속 숫자 1~12가 의미하는 시간을 이해한다.

준비물

하드보드지, 부직포, 펠트지, 솜, 할핀, 실, 바늘, 글루건, 보슬이, 까슬이, 시트지, 작은 상자, 시간카드

제작방법

〈시계〉

① 하드보드지로 지름 30cm와 지름 22cm의 두 원을 자른다.

② 큰 원에는 빨간색 부직포를, 작은 원에는 분홍색 부직포를 붙인다.

③ 펠트지를 이용하여 시간과 분을 나타내는 동그라미를 만든다.

(시간과 분은 같은 색의 펠트지로 만든다. ㉠ 1시와 5분은 빨간색, 2시와 10분은 주황색)

④ 동그란 펠트지 위에 숫자를 만들어서 붙인다.

⑤ 시침, 분침, 초침을 만들어서 시계 가운데에 할핀으로 고정한다.

〈시간카드〉

① 작은 상자 안에 칸막이를 만들어 시간과 분 카드를 나누어 담는다.

② 하드보드지로 삼각대를 만들고 노란 시트지를 붙인다.

③ 삼각대에 보슬이를 붙이고 시, 분 글자 카드를 붙인다.

활동방법

① 유아 두 명이 함께 활동한다.

② 한 명의 유아가 시곗바늘을 돌려 시간을 만들면 다른 유아가 삼각대에 숫자 카드를 이용하여 시간을 맞춘다.

③ 활동이 끝난 후, 숫자카드를 상자에 넣어 정리한다.

참고사항

- 연령별로 수준을 다르게 하여 활동한다.
  - 실물 시계를 보며 시간만 붙여보기
  - 정각 알기
  - 시간 뒤에 분에 해당하는 숫자 붙여보기
  - 30분 알기
  - 5분 단위 알기
- 하루 일과 사진을 제시하고 몇 시인지 시계를 조작해 본다.

교구 4 우리나라 명화 퍼즐

활동목표

예술경험 〉 예술 감상하기 〉 우리나라 전통 예술에 관심을 갖고 친숙해진다.

• 김홍도와 신사임당, 이중섭의 작품에 관심을 가진다.

자연탐구 〉 탐구과정 즐기기 〉 물체의 특성과 변화를 여러 가지 방법으로 탐색한다.

• 퍼즐을 맞춤으로써 탐구력과 사고력을 기른다.

준비물

명화그림 2세트, 우드락, 한지, 투명시트지, 종이상자

제작방법

〈교구상자〉

① 종이상자를 한지로 감싼다.

② 상자 뚜껑에 교구 제목을 붙인 후 투명시트지로 감싸 마무리한다.

〈명화퍼즐〉

① 밑면 우드락을 정사각형 모양으로 자른다.

② 명화그림과 명화 제목을 붙인 후 투명시트지를 붙인다.

③ 우드락을 2cm로 잘라 한지로 감싼 후 퍼즐 틀에 붙인다.

〈퍼즐카드〉

① 명화를 우드락에 붙인 후 퍼즐 조각이 되도록 자른다.

② 각각의 퍼즐 조각을 투명시트지로 감싸 완성한다.

활동방법

① 어떤 그림인지 이야기 나눈다.

② 퍼즐 조각을 하나씩 꺼내어 놓은 뒤, 조각을 섞어놓는다.

③ 어떻게 맞춰야 하는지 생각하며 그림을 완성한다.

참고사항

• 퍼즐이 너무 꽉 끼거나 너무 헐겁지 않도록, 퍼즐판 테두리의 우드락의 크기를 잘 조절하여야 한다.

• 두 명의 유아가 한 개씩의 퍼즐판을 나누어 가진 뒤, 누가 빨리 맞추는지 게임을 할 수 있다.

교구 5 더 많은 악어 먹이 찾기

활동목표

자연탐구 〉 생활 속에서 탐구하기 〉 물체를 세어 수량을 알아본다.

- 1~20까지의 숫자를 세어본다.
- 수량에서 '더 많다'의 관계를 이해한다.

준비물

하드보드지, 색지, 투명시트지, 코팅지, 양면테이프, 찍찍이, 수량과 숫자 카드

제작방법

① 하드보드지를 가로·세로 25cm 크기로 자른다.
② 색지를 이용하여 악어가 사는 곳을 꾸민 후 투명시트지를 붙인다.
③ 갈색 색지 위에 초록색 악어를 앞, 뒤로 만들어 코팅한다.
④ 코팅된 악어를 반으로 접어 활동판 중간에 양면테이프로 붙인다.
⑤ 악어의 입이 있는 활동판에 보슬이를 붙인다.
⑥ 구체물의 양과 수가 적힌 카드를 코팅한 후, 뒷면에 까슬이를 붙인다.

활동방법

① 활동판의 양 끝에 수 카드를 붙인다.
② 각각의 수 카드의 수와 양을 세어보고 확인한다.
③ 더 많은 수와 양이 있는 쪽으로 악어의 입을 벌린다.

참고사항

• 수 카드를 뒤집어 놓고 두 명의 유아가 게임으로 활동할 수 있다.

교구 6 별자리 상자

활동목표

자연탐구 〉 탐구과정 즐기기 〉 주변 세계와 자연에 대해 지속적으로 호기심을 가진다.

- 별자리에 관심을 가진다.
- 별자리 모양을 탐색한다.
- 별자리의 이름과 유래에 관심을 가진다.

준비물

하드보드지, 검정색 도화지, 야광별 스티커, 색지, 투명시트지, 검정색 시트지, 마스킹테이프, 연필, 가위

제작방법

〈활동 상자〉

① 하드보드지로 상자를 만든다.

② 안과 바깥 면은 검정색 시트지를 붙인다.

③ 상자 측면에 네모난 구멍을 내고 윗면 끝쪽에 카드가 들어갈 만큼 구멍을 낸다.

④ 마스킹테이프를 붙여서 마무리한다.

〈별자리 카드〉

① 검정색 도화지 위에 별자리를 그린다.

② 그린 선 위에 야광별 스티커를 붙인다.

③ 하드보드지 위에 도화지를 붙인 후 투명시트지를 붙인다.

④ 별자리 위에 별자리의 이름을 붙인다.

⑤ 뒷면에 별자리의 의미나 유래(전설)를 붙인다.

⑥ 마스킹테이프를 붙여 마무리한다.

활동방법

① 여러 가지 별자리를 관찰해 본다.

② 별자리 카드를 상자에 꽂아서 구멍으로 확인한다.

③ 별자리를 관찰해 보고 카드 뒤에 쓰여 있는 별자리의 의미를 알아본다.

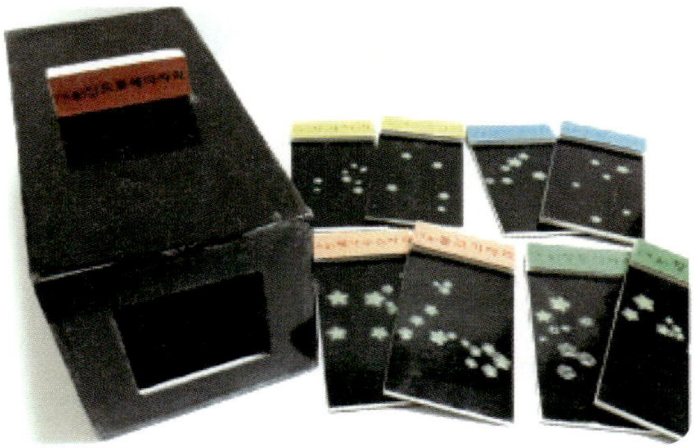

참고사항

- 야광 스티커는 형광등 불빛에 오래 비출수록 더 밝게 나타난다.
- 봄, 여름, 가을, 겨울의 각각의 계절마다 나타나는 별자리를 구분하여 제시해 준다.

참고문헌

강지은(2017). 학교 밖 인권교육 교사학습공동체에서의 교사 전문성 개발에 대한 사례연구. 이화여자대학교 교육대학원 석사학위논문.

강희정(2020). 유치원 교사의 교사-학부모 간 상호작용 경험 탐색. 인하대학교 교육대학원 석사학위논문.

교육부(2021). 유아와 함께 하는 인공지능교육 : 교사지원자료.

교육부·보건복지부(2019). 2019 개정 누리과정 해설서.

________________(2019). 2019 개정 누리과정 놀이이해자료.

________________(2019). 2019 개정 누리과정 놀이실행자료.

권대원(2013). **유아 교재·교구 연구 및 지도**. 경기 : 양서원.

권수진(2007). 어머니의 부모역할과 유아의 놀이성, 문제행동과의 관계. 한양대학교 교육대학원 석사학위논문.

권옥자·유혜숙·배인자·윤애희·정은주·박정민(2004). **유아를 위한 교수 공학과 매체**. 경기 : 형설출판사.

권정윤·권경숙(2013). **교수매체 및 교구제작을 위한 지침 및 자료집개발**. 서울 : 성신여자대학교.

김기현(2000). 맞벌이 부부의 양육스트레스에 영향을 미치는 생태학적 관련 변인 탐색. 경희대학교 대학원 박사학위논문.

김민아(2014). 유치원 학부모의 상담 질문 내용 분석. 중앙대학교 대학원 석사학위논문.

김성희·허혜경(2001). **유아발달**. 경기 : 교육과학사.

김세희(1992). **자녀와 더불어 성장하는 부모**. 서울 : 양서원.

김숙이(2002). 몬테소리의 유아교육사상 : 유아교육원리와 교육방법에 대한 고찰 및 현대적 의의. **한국교육사학, 24**(2).

김신옥·민혜영·김영희(2015). 교수매체를 활용한 영유아교수학습방법론. 경기 : 공동체.

김영숙(2002). 아동의 자아존중감의 변인에 대한 연구. 부산외국어대학교 대학원 석사학위논문.

김용욱·최병옥·윤광보(2011). 교육방법과 교육공학의 이해. 경기 : 양서원.

김유정·김정원(2012). 영유아 교육과정을 중심으로 한 교재·교구 연구 및 지도법. 경기 : 양서원.

김윤희(2020). 어머니의 놀이성이 유아의 놀이형태 및 실행기능에 미치는 영향. 동국대학교 교육대학원 석사학위논문.

김은정(2002). 유치원에서의 멀티미디어 활용에 관한 교사의 인식과 실태조사. 전남대학교 대학교 석사학위논문.

김은희(2011). 자연과 빛이 있는 생각하는 공간 만들기 : 레지오 환경 원리의 적용. 서울 : 창지사.

김지은(2014). 만5세 유아를 위한 지역사회 참여 활동의 효과적인 운영에 관한 실행연구. 이화여자대학교 교육대학원 석사학위논문.

김현영(2002). 유아 수학교육용 소프트웨어를 활용한 컴퓨터 활동이 유아의 수학성취 및 수학 태도에 미치는 효과. 대구가톨릭대학교 대학원 석사학위논문.

남효순(2001). 친사회적 협동게임이 유아의 자아 개념 발달에 미치는 영향. 경원대학교 대학원 석사학위논문.

노혜란·박선희·최미나(2012). 교육방법 및 교육공학(제2판). 서울 : 교육과학사.

민성혜(2000). 어머니-자녀 상호작용과 유아의 인지·언어 발달 간의 관계. 이화여자대학교 대학원 석사학위논문.

박나실·장연우·소경희(2015). 내부로부터의 학교변화 : 학교 안 교사학습 공동체의 형성 및 발달에 관한 사례 연구. 교육과정연구, 33(4), 91-114.

박대근(2000). 유아의 기본 운동 및 지각 운동 발달에 관한 연구. 중앙대학교 대학원 석사학위논문.

박승렬(2008). 교사변인과 교육과정 실행 간의 관계분석. 한국교원대학교 교육대학원 박사학위논문.

변경화(1985). Edgar Dale의 시청각교육 이론에 관한 연구 : '경험의 원추'를 중심으로. 이화여자대학교 교육대학원 석사학위논문.

서울시 보육교사교육원대학협의회(2000). 현장교사를 위한 교재·교구제작과 활용. 경기 : 양서원.

송명자(1997). 인간발달연구 : 인지발달과 도덕성 발달 중심으로. 서울 : 학지사.
안철수(2017). 코딩을 어려서부터 배워야 하는 진짜 이유.
엄정애(2001). 놀이와 유아교육 : 그 조화의 방향에 대한 탐색. 열린유아교육연구, 5(3), 1-25.
연미희·김진숙(2015). 부모교육. 서울 : 동문사.
연세대학교 교육철학연구회(2000). 위대한 교육사상가들. 경기 : 교육과학사.
유안진(1999). 아동발달의 이해. 서울 : 문음사.
윤기영(1999). 유치원 학부모의 역할수행유형화 모색. 교육논총, 3(2), 181-201.
이기영(2000). 유아의 주의 집중과 기억에 미치는 성교육 교수매체의 효과. 숭실대학교 대학원 석사학위논문.
이대균·송정원(2002). 최신 유아교재·교구 연구 및 지도법. 경기 : 양서원.
______(2006). 영유아를 위한 교재·교구 연구 및 지도. 경기 : 양서원.
이미애(2001). 유아교육기관에서의 인터넷 활용 실태에 관한 연구. 건국대학교 대학원 석사학위논문.
이사라(2001). 부모와 또래가 아동의 자아개념 발달에 미치는 영향에 관한 종단적 연구. 이화여자대학교 대학원 박사학위논문.
이선애·이채호·박복매(2013). 표준보육과정과 누리과정을 중심으로 한 교과교재연구 및 지도법. 서울 : 창지사.
이숙재(2001). 유아 놀이 활동. 서울 : 창지사.
이승호·이지혜·허소윤·박세준·한송이·한은정(2015). 교사학습공동체의 속성에 관한 질적 메타 분석. 교육학연구, 53(4), 77-101.
이안님(2001). 어머니의 성격 유형과 유아의 자아 개념 및 창의성과의 관계. 조선대학교 대학교 석사학위논문.
이영자·박미라·최경애(2003). 유아교육 교수매체. 경기 : 교문사.
이옥섭 외(2009). 영유아를 위한 교수매체. 서울 : 동문사.
이인원·양진희·이은진(2011). 영유아의 효율적 교육방법을 위한 교육공학 및 교수매체 이론과 실제. 경기 : 양서원.
이철수(2000). 3, 4, 5세 유아의 대근육 운동 발달 경향. 중앙대학교 대학원 석사학위논문.
이한규(2002). 언어발달과 언어처리. 서울 : 원미사.
임부연(2006). 레지오 에밀리아 조형환경에 대한 의미 탐색. 조형교육, 28.

임은숙(2004). 유아를 위한 창의적 교수매체. 서울 : 동문사.

임재숙(2009). 그림책을 활용한 문학적 접근이 유아의 창의성에 미치는 영향. 인천대학교 교육대학원 석사학위논문.

장미경(2018). 놀이치료. 서울 : 학지사.

전선영·유향선·김은심·문용은(2004). 유아 교사를 위한 교수매체의 이론과 실제. 서울 : 창지사.

정옥분(2004). 영유아발달의 이해. 서울 : 학지사.

정진명(2001). 파워포인트 활용 동화의 제시 방법이 유아의 주의 집중과 컴퓨터 흥미도에 미치는 효과. 숙명여자대학교 대학원 석사학위논문.

조복희(2001). 유아발달. 경기 : 교육과학사.

주영주·곽은순(2003). 유아교육과 교수매체. 서울 : 남두도서.

최길순(2017). 교사와 유아의 상호작용이 또래와의 상호작용에 미치는 영향 : 유아 사회정서 능력의 매개효과. 총신대학교 교육대학원 석사학위논문.

하주연(2000). 아동기에서 청년기까지의 창의적 인지와 창의적 인성의 발달 경향 연구. 성균관대학교 대학원 박사학위논문.

한성희·임연진(2014). 영유아 교재·교구 연구 및 지도. 서울 : 창지사.

허창덕(2012). 브론펜브레너의 생태학적 체계 이론에 의거한 장애인 복지정책 및 서비스의 분석. 한국장애인재활협회, 16(2), 57–80.

홍향미(2020). 교사학습공동체를 활용한 의사소통 수업전략 프로그램이 교사효능감에 미치는 영향. 한국교원대학교 교육대학원 석사학위논문.

황태주(2000). 프뢰벨 은물의 기하학적 원리와 건축공간체계 및 형태문법 구축에 관한 연구. 응용과학연구, 9(1).

Adams, R. J.(1989). Newborns' discrimination among mid and long wavelength stimuli. *Journal of experimental child psychology, 47,* 130–141.

Albers, L. J., & Mitz, J.(1986). Social competence and family environment : 15–year fallow–up of disturbed adolescents. *Family process, 25,* 379–389.

Aureli, T., & Procacci, M. A.(1992). Day care experience and children's social development. *Early child development and care, 83,* 45–54.

Baker-Ward, L., Ornstein, P. A., & Holden, D. J.(1984). The expression of memorization in early childhood. *Journal of experimental child psychology, 37.*

Beavers, W. R., & Voeller, M. N.(1983). Family models : Comparing and contrasting the Olsen Circumplex Model with the Beavers Systems Model. *Family process, 22,* 85-98.

Buck, L. W. W., & Hohman, C.(1987). Technological priorities the education of young children. *Childhood Education, June.*

Byers, J. A.(1998). The biology of human Play. *Child Development, 69*(3), 599-600.

Case, R.(1995). Capacity based explanations of working memory growth : A brief history and a reevaluation. In F. M. Weinert & W. Schneider(Eds.), *Memory performance and competencies : Issues in growth and development.* Hillsdale, NJ : Erlbaum.

Cassidy, J., Parke, R. D., Butkovsky, L., & Braungart, J. M.(1992). Family-peer connections : The roles of emotional expressiveness within the family and children's understanding of emotions. *Child development, 63,* 603-618.

Catalano, R. F., Oesterls, S., Fleming, C. B., & Hawkins, D.(2004). The importance of bonding to school for healthy development : Findings from the social development research group. *Journal of School Health, 74*(7), 252-261.

Cicchetti, D., Ganiban, J., & Barnett, D.(1991). Contributions from the study of highrisk populations to understanding the development of emotion regulation. In J. Garber & K. A. Dodge(Eds.), *The development of emotion regulation and deregulation.* New York : Cambridge University Press.

Clarke-Stewart, K. A., & Fein, G. G.(1983). Early childhood program. In P. H. Mussen(Eds.), *Handbook of child psychology II.* New York : Wiley.

Dadds, M. R.(1987). Family and the origins of child behavior problems. *Family process, 26,* 341-357.

Davis, G. A.(1986). *Creativity is forever.* Duduque, Iowa : Kendall/Hunt.

Day, B. B., & Thomas, T. S.(1988). Public school program for young children : Who, what, why and how. *Principal, 67,* 24-27.

Dunn, J., Brown, J., & Beardsall, L.(1991). Family talk about feeling status and children : a later understanding of others'emotions. *Development psychology, 27,* 488–495.

Eheart, B. K., & Leavitt, R. L.(1989). Family day care discrepancies between intended and observed caregiving practice. *Early childhood research quarterly, 4,* 145–162.

Elias, M., & Maher, C.(1983). Social and affective development of children : A programmatic perspective. *Exceptional children, 49,* 329–346.

Fischer, K. W., & Rose, S. P.(1994). Dynamic development of coordination of components in brain and behavior. In G. Dawson & K. W. Fisher(Eds.), *Human behavior and the developing brain.* New York : The Guilford Press.

Flavell, J. H.(1985). *Cognitive development*(2nd ed.). Englewood Cliffs, NJ : Prentice–Hall.

Fox, N. A., & Davidson, R. J.(1988). Patterns of brain electrical activity during facial signs of emotion in 10–month–old infants. *Developmental psychology, 24,* 230–236.

Gallahue, D. L., & Ozmun, J. C.(1998). *Understanding motor development.* Ed Batell.

Garner, P. W., Carlson, D., & Miner, J. L.(1994). Social competence among low–income preschoolers : Emotion socialization practices and social cognitive correlates. *Child development, 65,* 622–637.

Goldman, D.(1995). *Emotional intelligence.* New York : Bantam Books.

Goodman, S. H., Donna, G., & Lynch, M. E.(1993). Social and emotional competence in children of depressed mothers. *Child development, 64,* 516–532.

Hartup, W. W.(1991). Having friends, making friends and keeping friends : Relationships as educational contexts. *Early report.* University of Minnesota.

Harwood, R.(1992). The influence of culturally derived values on Anglo and Puertorican mothers' perceptions of attachment behavior. *Child development, 63,* 822–839.

Holloway, R.(1984). Educational technology : A critical perspective. *Educational communication and technology, 34*(1), 50–53.

Howes, C.(1990). Can the age of entry into child care and the quality of child care predict adjustment in kindergarten?. *Developmental psychology, 26,* 1–12.

Howes, C., & Hamilton, C. E.(1992). Children's relationships with caregiver : Mothers and child care teachers. *Child development, 63,* 859–866.

Howes, C., Hamilton, C. E., & Matheson, C. C.(1994). Children's relationships with peers : Differential associations with aspects of the teacher–child relationship. *Child development, 65,* 253–263.

Howes, C., Phillips, D. A., & Whitebook, M.(1992). Thresholds of quality : Implications for the social development of children in centerbased child care. *Child development, 63,* 449–460.

Jenkins, P. D.(1980). *The magic of puppetry : A guide for those working with young children.* Englewood Cliff, N. J.: Prentice–Hall.

Jewsuwan, R., Luster, T., & Kosteluik, M.(1993). The relation between parents' perceptions of temperament and children's adjustment to preschool. *Early childhood research quarterly, 8,* 33–51.

Jung, C. G.(1954; 1993). The aims of psychotherapy. In C. G. Jung, *practice of psychotherapy : Essays on the psychology of the transference and other subjects*(2nd ed.). CW 16. London : Routledge.

Ken, M., & Elizabeth, M.(2001). *Easy parenting.* Sydney : Finch Publishing.

Malatesta, C. Z., Culver, C., Tesman, J. R., & Shepard, B.(1989). The development of emotion expression during the first two years of life. *Monographs of the society for research in child development, 54*(1–2, serial no. 219).

Mayer, J. D., & Salovey, P.(1997). What is emotional intelligence. In P. Salovey & D. J. Sluyter(Eds.), *Emotional development and emotional intelligence : Educational implications.* New York : Basic Books.

Mayer, R. E., & Anderson, R. B.(1992). The instructive animation : Helping student build connection between word and picture in multimedia learning. *Journal of educational psychology, 84,* 444–452.

Mckim, M. K.(1993). Quality child care : What does it mean for individual infants, parents and caregiver?. *Early child developmental and care, 88,* 23–30.

Mischel, W., Shoda, Y., & Rodriguez, M. L.(1989). Delay of gratification in children.

Science, 244, 933–938.

Mitchell, C., & Sackney, L.(2011). Profound improvement : Building capacity for a learning community. Abingdon : Taylor & Francis.

Montessori, M.(1972). *The secret of childhood.* New York : Ballentine Books, Ins.

Newman, D. L., Caspi, A., Moffitt, T. E., & Silva, P. A.(1997). Antecedents of adult interpersonal functioning : Effects of individual differences in age 3 temperament. *Developmental psychology, 33,* 206–217.

OECD(2004). Starting strong. Curricula and pedagogies in early childhood education and care. Five curriculum outlines. Paris : Directorate for Education.

Oppenheim, D., Sage, A., & Lamb, M.(1988). Infant–adult attachments on the kibbutz and their relation to socioemotional development four years later. *Developmental psychology, 24,* 427–433.

Penkwepp, J.(2007). Can Play diminish ADHD and facilitate the construction of the social brain?. *Journal of Canadian Academy Child and Adolescent Psychiatry, 16*(2), 57–66.

Piaget, J.(1970). Piaget's theory. In P. H. Mussen(Ed.), *Carmichael's handbook of child development.* New York : Wiley.

________(1972). Intellectual evolution from adolescence to adulthood. *Human development, 5,* 1–12.

Robert, P. H., & Charles, H.(1989). *Companion animal bonding, Children's home environments and young children's social development.* Kansas State Univ., Manhattan Dept. of Human Development and Family Studies.

Rogers, L. E., Miller, F. E., & Bavelas, J. B.(1985). Methods for analyzing marital conflictual course : Implication of a systems approach. *Family process, 24,* 175–187.

Rubin, K. H., Fein, G. G., & Vanderberg, B.(1983). Play. In P. H. Mussen(Ed.), *Handbook of child psychology.* N. Y. : John.

Salovey, P., & Mayer, J. D.(1990). Emotional intelligence. *Imagination, cognition and personality, 9*(3), 185–211.

Sawyer, J. K., & Mehrota, J.(1989). A longitudinal study of original thinking in young children. *The creative child and adult quarterly, 14,* 130–135.

Sawyer, J. K., & Miller, H. B.(1989). A comparison of self and teachers' rating of creativity in fifth–grade children. *The creative child and adult quarterly, 14,* 179–185.

Seifert, K. L., & Hoffnung, R. J.(1991). *Child and adolescent development.* Boston : Houghton Mifflin.

Smith, J. A., & Park, D. M.(1977). *Word music & word magic : Children's literature method.* Massachusetts : Allyn and Bacon, Inc.

Solomon, C.(1986). *Computer environments for children.* Cambridge, Mass : MIT Press.

Stein, M. I.(1984). Nurturing creative children and all other children. In A. B. Crabbe, G. A. Davis, J. C. Gowan, J. Khatena, R. Sakai, M. I. Stein, J. L. Steinberg, S. N. Tara, C. W. Tayler, E. P. & Torrance(Eds.), *New directions in creativity research.* Ventura. CA : Ventura counth superintendent of school office.

Tannenbaum, A. J.(1983). *Gifted children : Psychological and educational perspectives.* New York : Macmillan.

Thatcher, R. W.(1992). Cyclic cortical reorganization during early childhood development. *Brain and cognition, 20.*

____________(1994). Cyclic cortical reorganization : Origins of human cognitive development. In G. Dawson & K. W. Fischer(Eds.), *Human behavior and the developing brain.* New York : Guilford Press.

Torrance, E. P.(1998). *Torrance tests of creative thinking : Norms-technical manual-figureal forms A & B.* Scholastic testing service Inc.

저/자/약/력

■ **민혜영**
이화여자대학교 유아교육과 박사
현 경인여자대학교 유아교육과 교수

〈주요 저서〉
의사소통능력, 유아미술교육, 미래교원 소양교육,
유아사회교육, 영유아발달 등 다수

■ **강희정**
인하대학교 교육학 박사과정 중
현 호수유치원장

교과교재연구 및 지도법

| **공저자** | 민혜영 · 강희정

| **1판 1쇄** | 발행 2024년 7월 30일

| **발행인** | 김동훈
| **펴낸곳** | 공동체

| **주소** | 경기도 고양시 일산동구 호수로 358-39, 동문타워 1차 905호(백석동)
| **전화** | 031)814-3000(대표)
| **팩스** | 031)814-3100
| **홈페이지** | www.compub.co.kr
| **전자우편** | compub@naver.com
| **출판등록** | 2005년 10월 6일
| **등록번호** | 제396-2005-36호

| **ISBN** | 979-11-6725-770-3
정가 22,000원